Karin Blessing • Claus-Peter Hutter • Marion Rapp • Ruth Schildhauer

# Wetterfrosch und Wolkenschloss

Mit Kindern Wetter verstehen und Klima schützen

# Inhalt

## Wenn nicht jetzt, wann dann?

„Früh übt sich, wer ein Meister werden will!" Dies gilt nicht nur fürs Fußballspielen oder etwa den Umgang mit dem Computer, sondern auch für den Schutz unseres Klimas. Nur wer schon ganz früh an die Phänomene des Wetters und des Klimas herangeführt wird, kann später die nötige Handlungskompetenz zeigen, wenn es um Klimaschutz und nachhaltigen Lebensstil geht. Den Kindergärten kommt in unserer immer komplizierter werdenden Welt eine erhebliche Bedeutung bei der Umwelt- und Nachhaltigkeitserziehung zu. Natürlich können Kindergärten nicht das automatische, spielerische Lernen im Elternhaus oder beim freien Spiel in der Landschaft ersetzen. Dennoch können sie ohne erhobenen Zeigefinger den verantwortlichen Umgang mit unseren Ressourcen vermitteln. Und was würde sich besser eignen als imposant aufgetürmte Wolkengebilde, schillernd leuchtende Regenbögen oder stürmisch brausende Winde, um Kindern die atmosphärischen Zusammenhänge zu vermitteln? Was ist eindrücklicher als das Gefühl sanft wärmender Sonnenstrahlen auf der Haut, das Geräusch laut herab prasselnder Hagelkörner oder hell leuchtende Blitze am Himmel? Wetter und Klima sind mit allen Sinnen erlebbar, nur direkt anfassen kann man das Wetter nicht. Und vielleicht gerade deshalb kann man Kinder so dafür begeistern. Wer kennt sie nicht, die Frage nach dem Ort vom Anfang und dem Ende des Regenbogens oder warum man auf den weißen Wolken nicht kuschelig weich liegen kann? Wir müssen diese Begeisterung nutzen, um Kinder von heute als Erwachsende von Morgen an globale Vorgänge heranzuführen und sie als künftige Entscheidungsträger auf die Herausforderung Klimaschutz einzustimmen. Nur wer Natur

6

kennt, wird letztlich Umwelt schützen, wird sensibel sein für negative Veränderungen des Klimas und der Landschaft.

Sowohl für die Nachhaltigkeitserziehung in Kindergärten als auch für die Weitergabe von Wissen durch Lehrer, Eltern oder Groß-eltern wurde dieser Praxisleitfaden entwickelt. Auf prägnante Weise werden die Grundlagen von Wetter und Klima erläutert, wird Wissenswertes über unsere Energielieferanten erklärt und Zusammenhänge hergestellt. Experimente und Spiele sollen Anregungen geben, wie mit Kindern das Thema Wetter erlebt und das Klima und seine Verletzlichkeit begriffen werden kön-nen. Doch nicht nur Kinder sollen sensibilisiert werden, auch Erwachsene erfahren Tipps zum klimafreundlichen und nachhal-tigen Lebensstil. Zur besseren Verständlichkeit verdeutlichen zahlreiche Illustrationen – gezeichnet vom Naturillustrator Wolfgang Lang – die Ausführungen.

Dieser Praxisleitfaden ist ein konkreter Beitrag der Umweltaka-demie Baden-Württemberg zur Bildungsoffensive „KiNa – Kin-dergarten und Nachhaltigkeit". Die Bildungsoffensive wurde u. a. mit Mitteln der Glücksspirale ermöglicht.

Ziel ist es, Kinder dazu zu bewegen, Verantwortung für sich, für ihr Handeln und den Umgang mit Natur und Umwelt zu über-nehmen. „Vom Erleben zum Handeln", das ist der Grundgedan-ke, der mit umfassender Bildung für eine nachhaltige Entwick-lung – ob für Kinder im Kindergarten, in den verschiedenen Schulen oder für Erwachsene – letztlich als Ziel verfolgt und angestrebt wird.

*Claus-Peter Hutter*

7

*Tiere und kleine Kinder sind der Spiegel der Natur.*

*Epikur*

# Einführung

Heutige Kinder haben solche Erlebnisse nur noch selten. Sie werden zwar überall hin gebracht – in den Kindergarten, zum Spielplatz, zum Klavierunterricht, in den Zoo, ins Museum, in den Vergnügungspark – aber fast immer sind die Spielorte reglementiert und allermeistens sind sie unter Aufsicht. Selbstständiges Erleben ohne dauernde Kontrolle scheint kaum noch möglich. Selbst das Wetter erleben viele Kinder – abgesehen von jenen in den Waldkindergärten – nur noch sehr eingeschränkt. Wie viele Kinder werden beim ersten Anzeichen von Regen hereingeholt, weil sie sich erkälten könnten? Sie erleben nicht den Zauber und die Duftorgie einer Wanderung durch einen regenfeuchten Wald, dürfen nie barfuß über eine taunasse Wiese schlendern. Selbst die Sonne hat angesichts der Sorge um Hautschädigungen ihre Unschuld verloren – manche Kinder dürfen heute nur noch sorgsam eingecremt in der Sonne spielen, wenn sie ohnehin nicht nur vor dem Computer in den Zimmern sitzen.

## Klimaschutz durch Handeln für die eine Welt

Dabei ist die Beschäftigung der Kinder mit den Phänomenen des Wetters als den Urerscheinungsformen der Natur dringlicher denn je. Schließlich sind die Kinder von heute als Erwachsene von morgen am meisten von den Änderungen des Langfristwetters – das allgemein als Klima bezeichnet wird – betroffen. Und die Zeit ist mehr denn je reif dafür, dass wir auf allen Ebenen Klimaschutz, Umweltvorsorge und die Bewahrung der ökologischen Lebensgrundlagen gerade über die frühkindliche Umwelt- und Nachhaltigkeitsbildung vermitteln. Auch die gesellschaftlichen Rahmenbedingungen hierfür sind günstig. Denn binnen weniger Jahre ist jetzt eingetreten was noch vor 20 Jahren

kaum jemand vermutet hätte: Der Klimawandel ist zum allgemeinen, gesellschaftlichen wie politischen Thema geworden. Sind noch Warnungen vor möglichem Klimawandel und einer Gefährdung natürlicher Ressourcen in den 1970er und 1980er Jahren verhallt, so stehen jetzt Umweltvorsorge, Klimaschutz und Nachhaltigkeit auf der obersten Agenda politischer Entscheidungsträger, ja auch nahezu aller Wirtschaftsunternehmen. Nach den Feststellungen des *Weltklimarats befinden wir uns in einem Zeitfenster von 8 bis 12 Jahren, in denen es noch möglich ist, den weltweit prognostizierten Klimaveränderungen entgegenzusteuern. Nur wenn sich hierbei alle – ob Staaten, Städte und Gemeinden, Unternehmen oder jeder Ein-zelne – entsprechend engagieren, wird es gelingen, eine nachhaltige Entwicklung zu etablieren und für die Kinder von heute als Erwachsene von morgen eine Zukunft mit hoher Umwelt- und Lebensqualität zu sichern. Erstmals in der Menschheitsgeschichte haben wir es in der Hand, unsere eigene Zukunft zu beeinflussen. Mittlerweile verfügt die Menschheit über das notwendige Wissen, auch die entsprechenden Technologien und ist über Handlungsoptionen bestens informiert, um die notwendigen Maßnahmen treffen zu können, dass der vorhergesagte Anstieg der Durchschnittstemperaturen auf 2 °C begrenzt werden kann. Maßnahmen sind in den Entwicklungsländern genauso notwendig in Form der Erhaltung der grünen Lungen der Erde und der Armutsbekämpfung wie in unserer Industriegesellschaft, wo es darum geht, Energieeffizienz groß zu schreiben und den Energieverbrauch und damit die Emission von Klimaschadstoffen wo immer möglich zu reduzieren.

*Der Weltklimarat IPCC (Intergovernmental Panel on Climate Change) wurde 1988 von der UNO und der Weltmeteorologie-Organisation gegründet. Er forscht nicht selbst, sondern fasst die Ergebnisse der Klimaforschungszentren aus aller Welt zusammen. Dazu hat er bislang vier Hauptberichte 1990, 1995, 2001 und 2007 veröffentlicht

Allerdings werden im öffentlichen Diskurs die Fakten und Begrifflichkeiten zum Themenfeld Klimaschutz oft verwechselt und mitunter in einen falschen Zusammenhang gestellt. Ist Klima gleich Wetter? Oder was haben Klimaschutz und Biodiversität miteinander zu tun? Oder kann man als Einzelperson überhaupt etwas zum Klimaschutz beitragen?

Um im Sinne einer nachhaltigen Entwicklung die richtigen Entscheidungen zu treffen und sich aktiv für den Naturschutz einzusetzen, bedarf es fundierten Wissens über das Themenfeld Klimaschutz, das bereits im Kindergarten vermittelt werden kann. Für Wissen, Werte und Einstellungen – auch zum Klimaschutz – wird die Basis in den ersten Lebensjahren gelegt. Bereits da können Kinder ihre Zukunft kreativ selbst gestalten und entwickeln. Zu diesem Zweck werden die Sinne für genaues Beobachten, Analysieren, Bewerten und zukunftsorientiertes Denken geschärft. Durch innovative Lernformen und unter Einbeziehung der Erfahrung der Lernenden selbst ist dieser Bildungsansatz weit mehr als reine Wissensvermittlung. Er ist ein handlungsorientiertes Konzept mit vielerlei Bezügen zur eigenen Lebenswelt, in andere gesellschaftliche Bereiche und mit globalen Bezügen. Bildung ist hierfür Grundlage und zugleich Instrument zur nachhaltigen Entwicklung. Dabei sollen Kompetenzen und Einstellungen vermittelt werden, die zu Klimaschutz und nachhaltigem Handeln führen.

### Kinder sind eifrige Naturforscher

Gerade sinnliche Erfahrungen in früher Kindheit gehören auch hierbei zu den ganz wichtigen und prägenden Erlebnissen. Kinder sind, wie die Kindheitsforscherin Donata Elschenbroich schreibt, „spontane Naturforscher, unwillkürliche Naturforscher".

14

Sie wollen die unmittelbare Begegnung mit der Natur und ihren Erscheinungen, mit Pflanzen, mit Wasser, mit Schnee, mit Luft, mit Feuer.

Freilich nehmen sie ihre Umwelt noch nicht sprachlich wahr, sondern mit den Sinnen – mit allen Sinnen, nicht wie beim Erwachsenen fast nur mit dem Sehsinn. Diese sinnliche Wahrnehmung ist ihr wichtigster Zugang zu allen Dingen, von denen sie umgeben sind. Diese Erfahrungen muss man den Kindern zugänglich machen – später können sie sie nicht mehr mit dieser Eindringlichkeit und Tiefenwirkung nachholen. Zwar spürt natürlich auch ein Erwachsener diese Sinneswahrnehmungen, aber bei ihm werden sie gleich gefiltert und bewertet aufgrund von angelerntem Wissen – er ist zu „verkopft".

Hinzu kommt, dass zu keiner Zeit im Leben Interesse und Lernwilligkeit so groß sind wie im Vorschul- und Grundschulalter. Kindern in diesem Alter ist ein Interesse an der Erkenntnis angeboren. Sie besitzen, wie es der Göttinger Experimentalphysiker Georg Christoph Lichtenberg vor gut 200 Jahren ausdrückte, eine „kausale Unruhe". Die moderne Hirnforschung hat ihm recht gegeben und zudem gezeigt, dass diese mit dem Lösen von Problemen verbundene Anstrengung mit Lustgefühlen belohnt wird.

### Naturwissenschaftliches Grundwissen: Fehlanzeige

Viele Erwachsene haben diese Erkenntnisse noch nicht recht umgesetzt. Sie antworten auf Kinderfragen zu Naturphänomenen noch zu oft „Das verstehst du noch nicht". Das ist gefährlich, denn mit der Zeit lernt das Kind so, dass seine Beschäftigung mit diesen Dingen nicht so erwünscht ist und verliert nach und nach seine Motivation. Daher sind ernst gemeinte

15

Antworten wichtig. Sie setzen freilich entsprechende Kenntnisse bei den Erziehenden voraus, und nicht selten hapert es daran. Dieses Buch will dazu beitragen, zumindest zum Thema „Wetter und Klima" dieses Problem zu beheben.

Auch unser Bildungssystem hat diese Erkenntnisse noch nicht recht umgesetzt. Es traut kleinen Kindern zu wenig zu, wenn es um naturwissenschaftliche Fragestellungen geht. Der naturwissenschaftliche Unterricht setzt erst in den Klassen 5 oder später ein, wenn die Kinder meist längst andere Interessen haben. Zudem ist er dann mit Formeln und trockenem Lehrstoff überfrachtet.

Von der einstigen Begeisterung der Kinder für die Natur ist dann nicht mehr viel zu spüren – im Gegenteil: Physik und Chemie zählen leider oft zu den unbeliebtesten Schulfächern. Die Folge: Naturwissenschaftliches Grundwissen ist bei älteren Kindern (und leider auch bei vielen Erwachsenen) fast Null. Nicht zuletzt deshalb können Zeitungen und Fernsehen ungestraft so viel naturwissenschaftlichen Unsinn und aufgeblasene Sensatiönchen verbreiten, die näherer Betrachtung nicht standhalten.

### Heutige Kinder sind früher reif

Ein Grund für dieses späte Einsetzen im Unterricht dürfte in den Forschungen des Schweizer Entwicklungspsychologen Jean Piaget (1896–1980) liegen. Er hat postuliert, dass Kinder erst im Alter zwischen etwa 8 und 12 Jahren die – wie er es nannte – „konkret-operationale Phase" erreichen. Damit ist gemeint, dass sie erst ab diesem Alter logische Verknüpfungen herstellen können, etwa „immer wenn ... dann". Und erst in noch höherem Alter wären sie in der Lage, auch bei nicht konkreten Objekten logische Schlüsse abzuleiten – dies sei die „formal-

operationale Phase". Daher beginnt der Physik- und Chemie-
unterricht eben erst in der 7. Klasse, also im Alter von 12 oder
13 Jahren, wenn angeblich die formal-operationale Phase eingesetzt haben soll.

Doch diese Anschauungen stoßen zunehmend auf Zweifel. Die
Chemiedidaktikerin Gisela Lück zum Beispiel betont, dass die
Untersuchungen Piagets bereits über 70 Jahre zurückliegen und
sich das kindliche Umfeld seither grundlegend gewandelt habe –
etwa durch den Einfluss der Medien und die allgemeine Techni-
sierung unseres Alltags. Zahlreiche neuere Untersuchungen belegen, dass sich die ersten Entwicklungsstadien sogar deutlich vor-
verlagert haben und zum Teil schon bei Vierjährigen zu finden
seien. Dagegen setze die formal-operationale Phase erst in weit
höherem Alter ein. Sie könne selbst bei Erwachsenen nicht immer vorausgesetzt werden. Außerdem bliebe laut Lück dabei völlig unberücksichtigt, dass die Kinder bereits in viel früheren Jahren Interesse an naturwissenschaftlichen Fragen zeige, das befrie-
digt werden müsse.

**Die Ebenen des Wissenserwerbs**

Man kann sich das Heranführen der Heranwachsenden an naturwissenschaftliche Phänomene gut als ein Ebenenmodell vorstellen. Die erste Ebene ist nur ein kennenlernen, ein spieleri-
sches Erkunden der Phänomene. (Ein Ball fällt zu Boden, wenn
ich ihn loslasse. Ein Stein und andere Dinge tun dies auch.
Schlussfolgerung: Dies ist offenbar eine allgemeine Erscheinung.)
Diese Ebene kann und sollte bereits in Kindergarten und Grundschule verwirklicht werden. Komplizierte Fachbegriffe werden
weitmöglich vermieden, eher sollte man eine poetische, even-

17

tuell auch etwas anthropomorphe Sprache wählen. Freilich sind selbst manche Sechsjährige schon fasziniert von Fremdwörtern und kennen zum Beispiel Dutzende Arten von Dinosauriern mit ihren wissenschaftlichen Bezeichnungen.

Auf diese erste, noch spielerische Wissensebene kann die Schule später dann eine zweite Ebene auflegen, bei der diese Phänomene dann genauer untersucht, berechnet und in größere Zusammenhänge eingeordnet werden (Wie schnell fällt der Ball? Wie kann ich die Fallzeit berechnen? Wie bremst die gleiche Kraft eine Aufwärtsbewegung?).

Eine dritte Ebene könnte dann eventuell ein Leistungskurs in der Oberstufe des Gymnasiums sein – hier kann es dann zum Beispiel schon um die Theorie der Schwerkraft gehen, um Schwarze Löcher und Einsteins Theorien. Eine vierte wäre schließlich das Studium des jeweiligen Gebiets, hier der Physik.

### Experimentieren im Kindergarten

Auf dem Interesse schon der Kinder im Vorschulalter kann man eine frühzeitige Heranführung an naturwissenschaftliche Phänomene im weitesten Sinne aufbauen – ein begleitetes Erforschen der Welt, in der die Kinder etwa Licht, Farben, das Fallen von Gegenständen, das Wachsen von Pflanzen, Magnete, Schall, chemische Vorgänge in der Küche, einfache Erscheinungen der Elektrizität, Tiere und Pflanzen sowie Lebensräume in der Natur und ähnliche Dinge erkunden. Dabei geht es nicht um ein gründliches Durchdringen dieser Dinge, sondern zunächst um ein Erkunden mit einfachen Erklärungen.

Freilich lernen und forschen die Kinder zwar spontan, brauchen aber oft eine lockere Führung, ein Heranleiten an die interessan-

ten Dinge, bisweilen auch Hilfestellung und natürlich Auskünfte
zu den Hintergründen und eventuellen weiteren Alltagsbezügen.
Es gibt inzwischen mehrere Bücher mit entsprechenden Versuchs-
anleitungen für einfache Versuche mit Kindern (siehe „Weiterführende Literatur" im Anhang), die sich für interessierte Eltern
ebenso wie für Erzieher als Vorlagen eignen.

*Wetter und Klima sind bestimmende Faktoren für die Zusammensetzung unserer*
*Tier- und Planzenwelt.*

## Sinnlicher Zugang zum Wetter – Wegweiser durch das Buch

Dieses Buch soll bei frühen Kinderfragen Hilfestellung leisten und helfen, die Kinder an ein so alltägliches Thema wie „Wetter" und „Klima" heranzuführen – als Grundlage für ein besseres Verständnis der Klimaproblematik und der Notwendigkeit nachhaltiger Lebensstile. Hier gibt es mehrerlei Ansätze wie etwa Großeltern, Kindergärtnerinnen, Erzieher, Lehrer und Betreuer von Jugendgruppen.

Das Wetter und seine vielfältigen Erscheinungsformen ist (nicht nur) für Kinder ein spannendes Thema, über das man viel reden kann. Die Wärme der Sonne, die auf die Haut fallenden Regentropfen, die lautlos niedersinkenden Schneeflocken, das kalte Eis, auf dem man rutschen kann, die Formbarkeit eines Schneeballs, das Schmeicheln des Windes an Haut und Haaren, der Druck und das Heulen des Sturmes, der die Baumwipfel biegt, der Reif, der alle Dinge mit weißen Nadeln verziert, die dahin ziehenden Wolken, in die man sich immer neue Formen denken kann, mit denen man mitreisen und über Länder und Meere ziehen möchte – das sind intensive sinnliche Erfahrungen.

Man sollte Kindern daher Gelegenheit geben, solche Phänomene wirklich zu erleben – in Muße, mit genügend Zeit zum Nachdenken und Empfinden und Ausprobieren, zum Betasten und damit spielen. Natürlich ist vieles nicht planbar – weit stärker noch als bei anderen Themen ist man hier natürlich aufs herrschende Wetter angewiesen. Immerhin gestattet die Wettervorhersage eine gewisse Vorbereitungszeit.

Darüber hinaus zeigt dieses Buch als Praxisleitfaden noch viele weitere Möglichkeiten, das Thema Wetter und Klima zu behandeln – außer Gedichten, Liedern, Spielen und Geschichten gehören auch Experimente dazu.

Es hat Diskussionen gegeben, ob Kinder im Kindergarten- und Grundschulalter wirklich an naturwissenschaftlichen Experimenten interessiert sind und ob sie überhaupt schon solche Versuche verstehen. Untersuchungen an Kölner, Kieler und Frankfurter Kindergärten, die Gisela Lück zitiert, belegen dies aber ganz eindeutig. Zum einen nahmen weit mehr als die Hälfte der Probanden freiwillig teil, trotz attraktiver Alternativangebote. Und vor allem konnten sie sich noch Monate später an die meisten Versuche erinnern.

Daher stellen wir in diesem Buch zahlreiche Experimente vor, mit denen Kinder eigene Erfahrungen mit den Eigenschaften etwa von Luft, Wasser, Wärme und Verbrennung gewinnen, aber auch die Ursachen von Erscheinungen wie Tag und Nacht, die Jahreszeiten und die Klimazonen der Erde kennen lernen können.

Mit diesem Buch werden Kindergärtnerinnen und Grundschullehrer und Grundschullehrerinnen, Väter und Mütter, Großmütter und Großväter nicht ausdrücklich als solche angeführt, sondern unter der Bezeichnung Erzieher zusammengefasst. Damit sind stets weibliche wie männliche Kräfte gemeint.

*Um zu begreifen, dass der Himmel blau ist, braucht man nicht um die Welt zu reisen.*

**Johann Wolfgang von Goethe**

# Was ist Wetter, was ist Klima?
# Ein kleiner Grundkurs

Anders als etwa ein Tümpel, ein Obstgarten, ein Bach oder auch das Wetter ist das Klima ein globales und zudem den Sinnen unzugängliches Phänomen. Um es wirklich erklären und in Beziehung zu den bekannten Wettererscheinungen und irdischen Phänomenen wie Grundwasser und Gletscher setzen zu können, sollte man den Kindern zuerst die Erde mit ihren Ozeanen und Kontinenten näher bringen. Auch die Darstellung der Sonne als Wärmequelle und ihre Wirkung auf der Erde sind dazu nötig oder wenigstens hilfreich, wie auch der wichtigsten Eigenschaften von Luft und Wasser, Wärme und Kälte sowie Verbrennung.

Der folgende Abschnitt dieses Buches erklärt in Form eines kleinen Grundkurses die Grundlagen all dieser Phänomene, außerdem stellt er die Entstehung des irdischen Klimas, dessen Veränderungen im Laufe der Jahrtausende und die möglichen zukünftigen Szenarien, ihre Folge und etwaige Gegenmaßnahmen und Anpassungsmöglichkeiten dar.

## Unsere Erde

Nordpol

Äquator

Südpol

Am einfachsten kann man den Kindern anhand eines nicht zu kleinen Globus die Erde vorstellen. An ihm lassen sich die Pole der Erde zeigen und der Äquator als gedachte Linie, die Nord- und Südhalbkugel teilt. Auch Durchmesser und Umfang kann man an ihm zeigen – und natürlich die Demonstrationen, die noch beschrieben werden.

Eventuell präsentiert man den Kindern auch das berühmte Foto, das die Erde im schwarzen All darstellt: diese blauweiße Kugel im unermesslichen Weltraum – das ist unsere Heimat, die Erde.

Der Globus wird erklärt als verkleinertes Abbild der Erdkugel. Er zeigt die Erdoberfläche, die Landflächen und die großen blauen Ozeane, Städte und Länder, Gebirge und Tiefländer. Man könnte dabei die Namen der Erdteile erklären sowie der drei großen Ozeane (Atlantik, Pazifik, Indischer Ozean) und natürlich Deutschland und eventuell die Heimatstadt oder die nächste größere Stadt aufsuchen.

In Wirklichkeit, das muss man natürlich erwähnen, ist die Erde wahrlich nicht klein, obwohl man sie heute in der Internationalen Raumstation innerhalb von nur etwa 90 Minuten umkreisen kann. Sie hat immerhin einen Durchmesser von etwa 12 700 km – ein Auto würde bei einem Tempo von 100 km/h für diese Strecke bei pausenloser Fahrt etwa 5 Tage brauchen. Und würde man um die große Kugel ein Band herum legen, wäre dies über 40 000 km lang – für diese Strecke, den Erdumfang, bräuchte unser Auto immerhin fast 17 Tage Dauerfahrt.

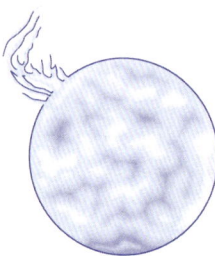

Die Sonne ist also eigentlich ein gewaltiger, kochender Ball aus glühend heißen Gasen, die in jeder Sekunde gigantische Mengen an Energie ins All strahlt. Schon ein winziger Bruchteil davon würde die Menschheit auf Jahrtausende sämtlicher Energiesorgen entheben. Die eigentliche Quelle der Sonnenenergie liegt im Kern der Sonne. Das gigantische Gewicht der riesigen Sonnenmasse erzeugt hier unvorstellbare Verhältnisse: eine Temperatur von 15 Millionen Grad Celsius und ein gigantischer Druck. Dadurch können hier Atomkerne zusammenbacken, und bei diesem Vorgang wird Energie frei. Das funktioniert schon seit vielen Millionen Jahren zuverlässig und wird auch noch sehr lange Zeit so weitergehen, wenn auch die Strahlungsstärke geringfügig schwankt. Die Kinder sollten unbedingt gewarnt werden, mit ungeschützten Augen oder gar mit Fernglas oder Fernrohr in die Sonne zu schauen! Will man die Sonne abbilden, sollte man die Projektionsmethode wählen.

### Das Jahr

Die Erde bleibt nicht still an einem Fleck im All, sondern sie saust um die Sonne herum in einer leicht eiförmigen (elliptischen) Bahn. Wir nennen die Zeit, die sie für einen Umlauf braucht, ein Jahr. In der Zeit, die sie für einen Umlauf braucht, dreht sie sich 365,25-mal um sich selbst – daher hat ein Jahr in der Regel 365 Tage, und alle vier Jahre hängt man einen zusätzlichen Schalttag an.

Der Globus wird erklärt als verkleinertes Abbild der Erdkugel.
Er zeigt die Erdoberfläche, die Landflächen und die großen
blauen Ozeane, Städte und Länder, Gebirge und Tiefländer.
Man könnte dabei die Namen der Erdteile erklären sowie der
drei großen Ozeane (Atlantik, Pazifik, Indischer Ozean) und
natürlich Deutschland und eventuell die Heimatstadt oder die
nächste größere Stadt aufsuchen.

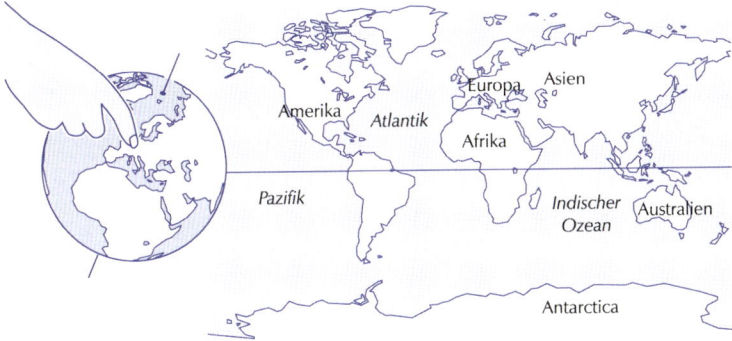

In Wirklichkeit, das muss man natürlich erwähnen, ist die Erde
wahrlich nicht klein, obwohl man sie heute in der Internationalen Raumstation innerhalb von nur etwa 90 Minuten umkreisen kann. Sie hat immerhin einen Durchmesser von etwa
12 700 km – ein Auto würde bei einem Tempo von 100 km/h
für diese Strecke bei pausenloser Fahrt etwa 5 Tage brauchen.
Und würde man um die große Kugel ein Band herum legen,
wäre dies über 40 000 km lang – für diese Strecke, den Erdumfang, bräuchte unser Auto immerhin fast 17 Tage Dauerfahrt.

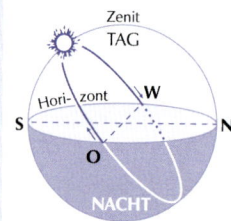

### Tag und Nacht

Die Erde ist, wie die Kinder wissen, nicht allein im All. Außer Sternen, Planeten, Mond gibt es vor allem die Sonne. Sie ist für uns besonders wichtig, denn sie schenkt uns Licht und Wärme und ermöglicht uns das Leben auf der Erde.

Jeden Morgen geht die Sonne im Osten auf, zieht über den Himmel und verschwindet abends im Westen unter dem Horizont.

Seit langem nutzen die Menschen diesen täglichen Sonnenlauf als Uhr und nennen die Zeitspanne zwischen zwei Sonnenhöchstständen einen „Tag".

Einst glaubten die Menschen, die Erde ruhe im All, und alles – Sonne, Mond und Sterne – würde sich um sie herumdrehen. Das verrät noch heute unsere Sprache. Wir sagen „Die Sonne geht auf" – als ob sie eine handelnde Person sei. Die alten Griechen und Römer stellten sich sogar einen flammenden „Sonnenwagen" vor, auf dem der Sonnengott über den Himmel fährt. Erst vor knapp 500 Jahren fand der Astronom Nikolaus Kopernikus heraus, dass es genau umgekehrt ist. Nicht die Sonne geht auf und unter. Es ist vielmehr die Erde, die sich ständig um ihre Achse dreht und so die Sonnenbewegung vortäuscht – etwa so, wie ein Tänzer meinen könnte, nicht er drehe sich, sondern der Raum um ihn herum. Nur merkt er, dass er sich dreht, während wir winzigen Erdbewohner die Bewegung der Erde nicht spüren. Am Globus kann man diese Drehung demonstrieren und dabei die Pole als Punkte zeigen, durch welche die Drehachse gehen würde – nur dass die Erde wie ein rotierender Ball keine wirkliche Drehachse besitzt.

Auf der zur Sonne gewandten Seite herrscht dabei jeweils Tag, auf der anderen Seite Nacht. Die Erde dreht sich dabei so, dass

Nicolaus Copernicus

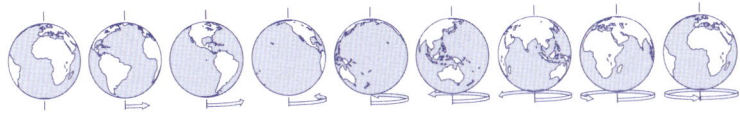

zum Beispiel zuerst Europa Richtung Sonne zeigt, dann Amerika, danach Japan, Russland und wieder Europa.

Mit einem Globus und einer Lampe kann man leicht demonstrieren, wie ein „Tag" funktioniert (siehe Seite 112).

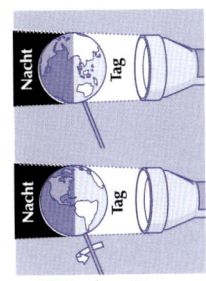

12 Stunden später
(halbe Umdrehung)

## Die Sonne

Ohne die Sonne gäbe es kein Leben auf der Erde. Sie wäre nur ein eisiger, öder Gesteinsklumpen. Nur die Wärme der Sonne erzeugt angenehme Temperaturen in einem Bereich, wo das lebensnotwendige Wasser flüssig ist. Ebenso wichtig ist das Sonnenlicht. Die Pflanzen nutzen die darin steckende Sonnenenergie, um Nähr- und Baustoffe für sich selbst herzustellen – etwa Zucker, Stärke, Fette und Eiweiße. Tiere und Menschen wiederum ernähren sich von diesen Stoffen – oder von Tieren, die Pflanzen fressen.

Die Sonne ist aber fast unvorstellbar weit weg – rund 150 Millionen Kilometer. Das bedeutet: Ein ICE-Zug müsste, wenn es denn Schienen durchs Weltall gäbe, rund 70 Jahre lang ohne Pause fahren. Dass die Sonne uns trotz dieser Entfernung so nahe erscheint, liegt an ihrer gewaltigen Größe von rund 1,4 Millionen Kilometern. Auf ihre gesamte Scheibe, wie wir sie sehen, würden nebeneinander 109 Erdkugeln passen, und in ihr Volumen sogar 1,3 Millionen Erdkugeln. Würde man die Erde auf die Größe einer Apfelsine verkleinern, wäre die Sonne eine Kugel von der Höhe eines sechsstöckigen Hauses, die 1500 m entfernt stünde.

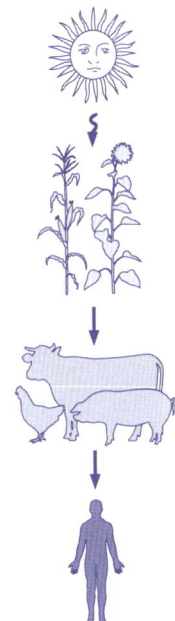

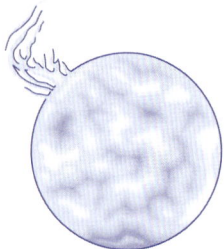

Die Sonne ist also eigentlich ein gewaltiger, kochender Ball aus glühend heißen Gasen, die in jeder Sekunde gigantische Mengen an Energie ins All strahlt. Schon ein winziger Bruchteil davon würde die Menschheit auf Jahrtausende sämtlicher Energiesorgen entheben. Die eigentliche Quelle der Sonnenenergie liegt im Kern der Sonne. Das gigantische Gewicht der riesigen Sonnenmasse erzeugt hier unvorstellbare Verhältnisse: eine Temperatur von 15 Millionen Grad Celsius und ein gigantischer Druck. Dadurch können hier Atomkerne zusammenbacken, und bei diesem Vorgang wird Energie frei. Das funktioniert schon seit vielen Millionen Jahren zuverlässig und wird auch noch sehr lange Zeit so weitergehen, wenn auch die Strahlungsstärke geringfügig schwankt.
Die Kinder sollten unbedingt gewarnt werden, mit ungeschützten Augen oder gar mit Fernglas oder Fernrohr in die Sonne zu schauen! Will man die Sonne abbilden, sollte man die Projektionsmethode wählen.

## Das Jahr

Die Erde bleibt nicht still an einem Fleck im All, sondern sie saust um die Sonne herum in einer leicht eiförmigen (elliptischen) Bahn. Wir nennen die Zeit, die sie für einen Umlauf braucht, ein Jahr. In der Zeit, die sie für einen Umlauf braucht, dreht sie sich 365,25-mal um sich selbst – daher hat ein Jahr in der Regel 365 Tage, und alle vier Jahre hängt man einen zusätzlichen Schalttag an.

Übrigens ist die Strecke, die die Erde dabei zurücklegen muss, sehr groß. Weil die Sonne von uns etwa 150 Millionen Kilometer entfernt ist, legt die Erde pro Jahr rund 1000 Millionen Kilometer zurück, und zwar mit einem Tempo von etwa 30 km pro Sekunde!

Mit dem Globus kann man den Kindern die Bewegung der Erde um die Sonne gut demonstrieren (siehe Seite 113).

### Jahreszeiten

Im Sommer ist es viel wärmer als im Winter. Das liegt aber nicht etwa daran, dass die Erde im Sommer näher an der Sonne stünde als im Winter. Der Abstand ist stets ungefähr gleich. Wenn auf der Nordhalbkugel Winter herrscht, steht die Erde sogar zufällig etwas näher an der Sonne. Und außerdem: Wenn wir auf der Nordhalbkugel der Erde am Strand liegen, herrscht auf der Südhalbkugel Winter – und umgekehrt. Ursache für die Jahreszeiten ist vielmehr die Stellung der Erdachse, also der gedachten Linie zwischen Nord- und Südpol. Sie steht nämlich nicht senkrecht auf dem Kreis, den die Erde bei ihrem jährlichen Umlauf um die Sonne beschreibt, sondern ist in einem Winkel von etwa 23 Grad schräg. Das ist auch der Grund, warum käufliche Globen fast immer schräg eingespannt sind: Sie stellen diese Stellung der Erdachse dar.

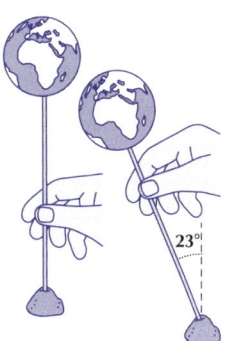

Mit Hilfe des Globus kann man das leicht zeigen. Die Achse der Erdkugel muss dabei schräg stehen, was die Halterung des Globus normalerweise automatisch tut. Man erkennt dann, dass die Sonne nicht gleichmäßig stark auf die verschiedenen Teile der Erde scheint. Auf einem Teil der Bahn ist die Nordhälfte stärker beschienen – dann herrscht hier Sommer, die Sonne

**Winter** (auf Nordhalbkugel)

**Sommer** (auf Nordhalbkugel)

steigt hoch am Himmel empor, es bleibt lange hell und es ist warm. Am gegenüberliegenden Teil der Bahn ist es genau umgekehrt, dann herrscht im Norden Winter, dagegen im Süden Sommer. Und dazwischen liegen Frühling und Herbst als Übergangsjahreszeiten.

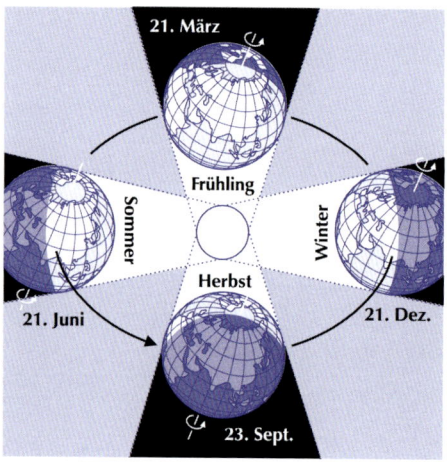

### Die Lufthülle

Die Erdkugel ist umgeben von einem dünnen Schleier, der Lufthülle (Atmosphäre). Sie ist lebenswichtig für uns – nicht nur zum Atmen. Die Atmosphäre sorgt auch für den Temperaturausgleich auf der Erde und schützt uns vor gefährlichen Strahlen aus dem Weltraum. Sie erstreckt sich einige hundert Kilometer in die Höhe, wird aber nach oben hin rasch dünner. Schon auf den höchsten Bergen kann man ohne Hilfsgeräte nur noch mühsam atmen.

Luft ist kein einheitlicher Stoff. Sie besteht aus einer Mischung von Gasen. Das für uns wichtigste Gas ist Sauerstoff. Es wird von den grünen Pflanzen erzeugt, und wir und alle Tiere brauchen es zum Atmen. Auch wenn Holz, Kerzenwachs oder etwa Benzin verbrennen, verbrauchen sie Sauerstoff. Reiner Sauerstoff wäre aber zu gefährlich, weil er alles zu schnell verbrennen ließe und auch die Körper der Lebewesen schädigt. In der Lufthülle ist er stark verdünnt mit einem unbrennbaren, harmlosen Gas, das man Stickstoff nennt.

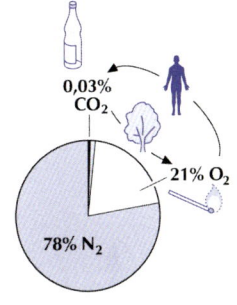

Ein weiterer wichtiger Luftbestandteil ist das Gas Kohlendioxid (Kohlenstoffdioxid), das man aus der Sprudelflasche kennt – hier sorgt es für das Sprudeln, den erfrischenden Geschmack und die Haltbarkeit des Wassers. Kohlendioxid ist nur zu einem geringen Anteil in der Luft enthalten: In 10 000 Litern Luft stecken gerade 4 Liter davon. Alle Tiere und Menschen atmen es aus, zudem entsteht es bei fast jeder Verbrennung – etwa von Kohle, Holz, Erdgas, Benzin oder Öl.

Es ist ein sehr wichtiges Gas, denn die Pflanzen filtern es sich aus der Luft und wandeln es mit Wasser im Sonnenlicht um und stellen daraus ihre Nahrungsstoffe her und die Baustoffe, aus denen sie selbst bestehen. Selbst ein fester Baumstamm bildet sich eigentlich nur aus Luft und Wasser!

Der Kohlendioxid-Anteil der Lufthülle bestimmt außerdem das irdische Klima mit. Das gilt auch für einen weiteren wichtigen Luftbestandteil: Wasserdampf. Er gerät durch Verdunstung von Wasser aus Ozeanen und Seen sowie aus Pflanzenblättern in die Luft und spielt eine wichtige Rolle beim Wettergeschehen.

### Der Luftdruck

Luft hat ein Gewicht, und zwar wiegt ein Liter trockene Luft 1,3 Gramm. Das ist nicht viel. Aber bedenkt man die gewaltige Menge aus Luft, die über uns liegt, kommt doch ein gewaltiges Gewicht zustande. Daher lastet die Luft über uns mit einem bestimmten Druck auf den Untergrund, dem Luftdruck. Er beträgt auf Meereshöhe etwa 1 bar (bzw. 1000 Millibar), das entspricht ungefähr dem Gewicht von einem Kilogramm, das auf einer Fläche von einem Quadratzentimeter lastet. Wir spüren ihn normalerweise aber nicht, weil Körperinneres und -äußeres dem gleichen Druck ausgesetzt sind. Auf einen luftleeren Raum (Vakuum) aber wirkt er in voller Stärke. Daher müssen zum Beispiel luftleer gepumpte Fernseher-Bildröhren dicke Glaswände haben. Und saugt man oben die Luft aus einem Trinkhalm heraus, treibt der Luftdruck Flüssigkeit von unten her hinein.

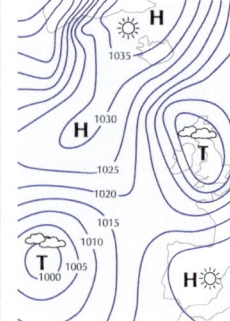

Je höher man steigt, desto geringer ist der Luftdruck, weil die darüber liegende Luftschicht kleiner wird. Durch Messung des Luftdrucks mit einem Barometer lässt sich daher die Höhe über dem Meeresspiegel bestimmen, was Piloten, Ballonfahrer und Bergwanderer nutzen. Außerdem schwankt der Luftdruck in geringem Maße durch Wettereinflüsse. Es gibt in der Atmosphäre Gebiete mit höherem Luftdruck (Hochdruckgebiete, „Hoch") und solch mit niedrigem Luftdruck (Tiefdruckgebiete, „Tief"), die langsam über die Erdoberfläche ziehen. Ein heranziehendes Hochdruckgebiet verspricht meist gutes Wetter, ein Tiefdruckgebiet bringt oft Niederschlag. Daher kann man durch Luftdruckmessung mit dem Barometer das Wetter vorhersagen.

### Die Ozeane

Im Grunde, das zeigt ein Blick auf den Globus ganz deutlich, ist
die Erde ein von Wasser bedeckter Planet. Nur an einigen Stellen
ragen die Erdteile oder einige Inseln aus den Fluten.
Der Pazifik ist der weitaus größte Ozean. Dreht man den Globus
so, dass man möglichst viel Pazifik sieht, zeigt er eine riesige
Fläche, und nur am Rand sind die Küsten von Amerika, Asien
und Australien zu erkennen. Diese ganze Erdhälfte ist eine fast
unendliche Wasserfläche. Sie ist fast so groß wie Atlantischer
und Indischer Ozean zusammen.
Das Wort Ozean stammt übrigens von den alten Griechen, von
ihrem Meeresgott Okeanos.

### Meeresströmungen

Seefahrern ist seit alters her bekannt, dass das Wasser der Ozeane nicht stillsteht, sondern dass es an vielen Stellen Ströme
warmen oder kalten Wassers gibt, mächtiger und wasserreicher
als alle Flüsse an Land. In den Ozeanen drehen sich insgesamt
fünf große Wasserwirbel von mehreren tausend Kilometern
Durchmesser. Auf der Nordhalbkugel drehen sie sich im Uhrzei-
gersinn, auf der Südhalbkugel entgegengesetzt.
Antrieb der Strömungen ist der Wind. Er weht in manchen Gebieten fast ständig aus der gleichen Richtung und setzt so das
Meerwasser in Bewegung. Am Äquator erzeugen die Passatwinde, die das ganze Jahr über Richtung Westen blasen, Weströ-
mungen. Treffen sie nach dem Passieren des Ozeans auf Festland, werden sie nach Norden und Süden abgelenkt und fließen
dann in weitem Bogen zu ihrem Ursprungsort zurück, wobei sie

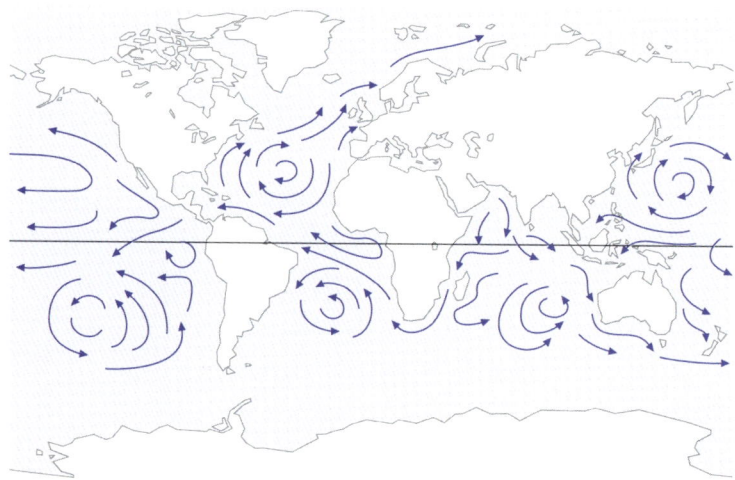

sich oft in mehrere Ströme aufteilen. Im Nordatlantik zum Beispiel bilden sich so der Golfstrom und der Nordatlantikstrom.
Neben den Oberflächenströmungen durchziehen übrigens auch
Tiefenströmungen die Weltmeere. Sie werden nicht von Winden
angetrieben, sondern von Unterschieden in Temperatur und
Salzgehalt von Wasser. In den Polargebieten zum Beispiel friert
viel Wasser zu Eis. Weil dabei das Salz ausgeschieden wird, entsteht kaltes, salziges, relativ schweres Wasser, das auf den Grund
sinkt und dort Richtung Äquator strömt.

### Golfstrom

Europas Warmwasserheizung: Ohne ihn wäre unser Klima so
ungemütlich wie das von Labrador, der Erdteil wäre nur dünn
besiedelt – und die Weltgeschichte völlig anders abgelaufen.
Golfstrom heißt der Warmwasserstrom, weil man früher glaub-
te, er entspringe im Golf von Mexiko. In Wirklichkeit stammt
das Wasser vom Nord-Äquatorialstrom und biegt vor Floridas

34

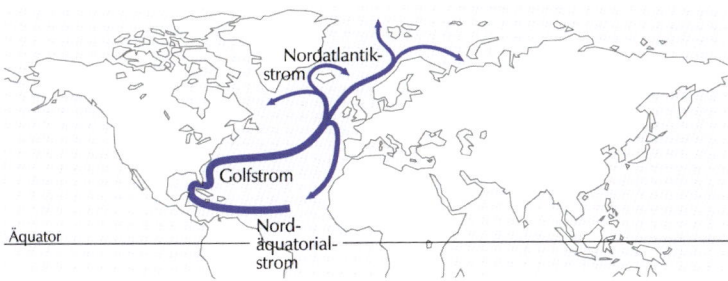

Küste nach Norden um. In der Enge zwischen Florida und den Bahama-Inseln jagen immerhin 30 Millionen Kubikmeter Wasser pro Sekunde mit 15 Stundenkilometern dahin. Bei Kap Hatteras verlässt der Strom die nordamerikanische Küste und wendet sich nach Nordosten. Bei den Neufundlandbänken trifft er mit dem kalten Wasser des Labradorstroms zusammen, ab hier heißt der Golfstrom Nordatlantikstrom. Ein Teil wandert nach Nordosten und spaltet sich in mehrere Arme auf, die an Island und Grönland, England und Norwegen vorbei bis ins Nordpolarmeer strömen. Die Hauptmenge des Wassers nimmt Richtung auf Südeuropa, vereinigt sich mit dem Kanarenstrom und dem Nordäquatorialstrom und schließt westwärts fließend und sich wieder erwärmend den gewaltigen nordatlantischen Wasserwirbel.
Auf großen Globen sind die wichtigsten Meeresströmungen, auch der Golfstrom, eingezeichnet. Sonst muss man den Verlauf den Kindern eben so zeigen.

## Das Wetter

Nicht Petrus macht das Wetter, und auch keiner der altgriechischen oder altrömischen Wettergötter. Hauptursache des Wetters ist die Sonne. Sie treibt mit ihrer Wärme das Zusammenspiel all der vielen Wettererscheinungen wie Wind und Sturm, Regen und Schnee auf der gesamten Erde an.

### Wolken

Ständig verdunstet an der Erdoberfläche Wasser und steigt als feuchte Luft empor, die das Wasser als unsichtbaren Dampf enthält. Besonders viel stammt aus den Ozeanen, vor allem aus den tropischen Meeren, auf welche die Sonne sehr warm brennt. Aber auch vom Festland, nämlich vom Erdboden, aus Pfützen, Seen und Flüssen, steigt ständig Wasserdampf auf.

Nun wird die Luft mit zunehmender Höhe immer kühler, im Durchschnitt 1 °C pro 100 m. Auch die aufsteigende feuchte Luft kühlt sich daher ab. In einer bestimmten Höhe ist ihre Temperatur so niedrig, dass sie nicht mehr so viel Wasserdampf gelöst halten kann. Denn kühle Luft kann viel weniger Wasserdampf gelöst enthalten wie warme. Der überschüssige Wasserdampf kondensiert: Er bildet winzige Wassertröpfchen, die viel, viel kleiner sind als ein Millimeter und zunächst in der Luft schweben bleiben. In noch größeren Höhen bilden sich sogar feine Eiskristalle. Und diese vom Wind gezausten und getriebenen Gebilde aus Wassertröpfchen und Eiskristallen – das sind die Wolken. Manchmal bilden sich Wolken aber auch, wenn warme, feuchte Luft und kühle Luft sich treffen. Meist gibt es dann auch bald Regen oder Gewitter.

36

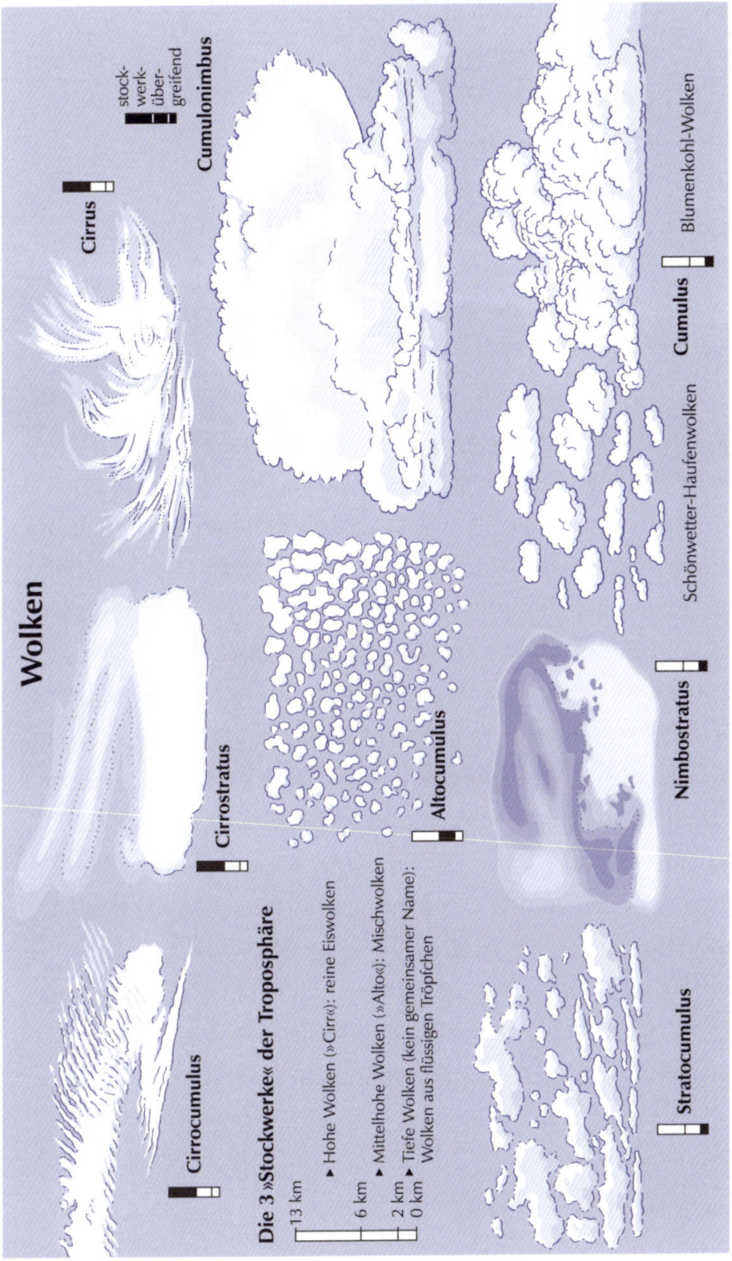

# Wolken

**Cirrus**

**Cumulonimbus**

stock-
werk-
über-
greifend

Blumenkohl-Wolken

**Cumulus**

Schönwetter-Haufenwolken

**Cirrocumulus**

**Cirrostratus**

**Altocumulus**

**Nimbostratus**

**Stratocumulus**

## Die 3 »Stockwerke« der Troposphäre

13 km

▸ Hohe Wolken (»Cirr«); reine Eiswolken

6 km

▸ Mittelhohe Wolken (»Alto«); Mischwolken

2 km
0 km

▸ Tiefe Wolken (kein gemeinsamer Name);
  Wolken aus flüssigen Tröpfchen

Es lohnt sich, die Wolken am Himmel zu beobachten, denn mit etwas Übung helfen sie, das Wetter vorherzusagen. Wenn sich zum Beispiel die feinen Haarwolken (Cirren) zu einem Schleier verdichten, spricht das oft für baldigen Regen.

## Regen

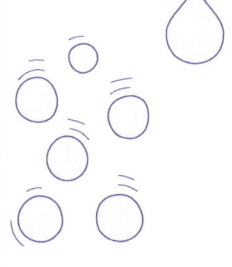

Bisweilen lagern sich die superkleinen Wassertröpfchen in Wolken zu größeren Tropfen zusammen, die dann als Regen herunterfallen. Das ist aber bei uns selten. Weit häufiger bildet sich Regen ganz anders: Aufwinde tragen die Tröpfchen in größere Höhen. Dort gefrieren sie zu winzigen Eiskristallen. Der Wasserdampf, der auch noch in der Wolkenluft steckt, schlägt sich nun nach und nach als dünne Eisschicht auf dem Eiskristall nieder. Die Kristalle wachsen rasch an und sind schließlich so groß, dass die in den Wolken wehenden Winde sie nicht mehr tragen können: Sie fallen zur Erde. Meist durchqueren sie während des Falls wärmere Schichten, schmelzen und kommen als Regentropfen unten an. Die Regenmengen, die pro Jahr in verschiedenen Gebieten fallen, sind ganz unterschiedlich. In manchen Gebieten der Erde fällt etwa ein Vielfaches an Regen wie in Mitteleuropa. In manchen Wüsten dagegen kommt oft jahrelang kein Tropfen vom Himmel. Übrigens zeichnen Kinder Regentropfen meist in der typischen „Tropfenform", also vorne dick und rund und nach hinten in einer Spitze auslaufend. In Wirklichkeit allerdings sehen fallende Regentropfen gar nicht so aus. Sie sind fast vollkommene Kugeln.

### Regenbogen

Wenn die Sonne auf Regenwolken scheint, spannt sich oft ein großer farbiger Bogen über den Himmel. Man sieht ihn aber nur, wenn man die Sonne ungefähr im Rücken hat; außerdem darf sie nicht zu hoch stehen. Von innen nach außen leuchten die Farben Violett, Blau, Grün, Gelb, Orange und Rot. Bisweilen erkennt man darüber einen noch größeren, aber schwächeren Bogen, bei dem die Farben in umgekehrter Anordnung stehen. Ursache dieser Erscheinung ist die Brechung der Lichtstrahlen in den Regentropfen. Sie treten in die Tropfen ein, werden im Innern mehrfach gespiegelt und verlassen ihn dann wieder. Dabei kann man erkennen, dass das weiße Sonnenlicht in Wirklichkeit eine Mischung von Lichtstrahlen mit verschiedenen Farben ist. Diese verschiedenen Lichtstrahlen verhalten sich in den Tropfen etwas unterschiedlich und verlassen sie daher in unterschiedlichen Richtungen. Diese Aufspaltung sehen wir als Regenbogen.

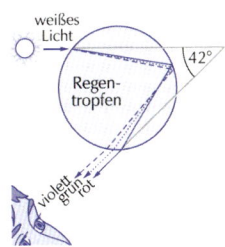

### Der Weg des Wassers

Regen bleibt bekanntlich nicht lange an der Erdoberfläche liegen. Ein Teil verschwindet nach und nach in der Luft, es verdunstet. Das kann man schön an einer Pfütze auf einer Asphaltstraße sehen, die innerhalb einiger Stunden oder Tage wieder verschwindet.
Ein weiterer Teil fließt ab und speist Rinnsale, Bäche und Flüsse, die schließlich ins Meer münden. Und der letzte Teil schließlich versickert. Das Wasser rieselt durch Risse und Poren des Erdbodens, bis es schließlich auf eine wasserundurchlässige Bodenschicht trifft.

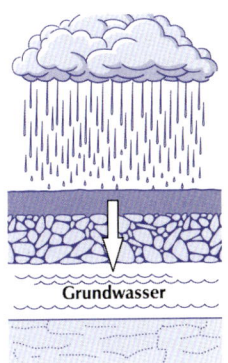

Das kann zum Beispiel eine Lehmschicht sein, oder auch eine Lage Gestein mit sehr wenigen Rissen und Spalten. Über dieser Schicht sammelt sich das Wasser. Man nennt dieses unterirdische

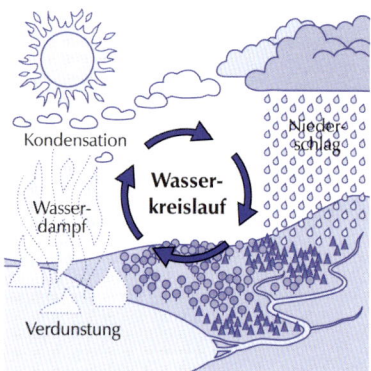

Wasser Grundwasser. Meist ist diese Grundwasserschicht nur einige Meter dick; sie reicht selten bis zur Erdoberfläche. Die Obergrenze des Grundwassers nennt man Grund wasserspiegel. Das Wasser der Erde vollzieht also einen gewaltigen Kreislauf. Es verdunstet, steigt empor und bildet Wolken, aus denen wieder Regen fällt. Der meiste Regen geht über dem Meer nieder, aber einen Teil der Wolken treibt der Wind übers Festland, so dass es dort regnet oder schneit. Von dort läuft das Wasser in Bächen und Flüssen oder über den Umweg übers Grundwasser und durch eine Quelle wieder ins Meer.

### Nebel

Wasser kann sich in Luft auflösen wie Zucker in Wasser. Je wärmer die Luft ist, desto mehr Wasser kann sie aufnehmen – in Form von unsichtbarem Wasserdampf. Kühlt feuchte Luft dann ab, erreicht sie vielleicht eine Temperatur, bei der sie nicht mehr den gesamten

Wasserdampf behalten kann. Dann bilden sich unzählige feine Wassertröpfchen: der Wasserdampf kondensiert. Das geschieht nicht nur hoch am Himmel bei der Wolkenbildung, sondern bisweilen auch nahe der Erdoberfläche: Dann bildet sich Nebel. An kalten Tagen bildet sich sogar auf diese Weise vor dem Mund ein weißes Wölkchen, wenn die Feuchtigkeit der ausgeatmeten Luft kondensiert. Häufig bildet sich Nebel, wenn nachts der Erdboden abkühlt und dadurch auch die feuchte Luft am Boden. Das geschieht besonders oft im Herbst, wenn es oft regnet und die Sonne tagsüber viel Wasser vom Erdboden verdunstet, die Nächte aber schon recht kühl werden.

## Tau

Wer morgens in aller Frühe in die Natur geht, erlebt dort bisweilen eine verzauberte Welt: Grashalme, Spinnennetze und Blätter sind vor allem im Spätsommer und Herbst mit feinsten Tautröpfchen übersät. Besonders schön ist es, wenn die Tauperlen im Schein der tief stehenden Sonne wie unzählige Edelsteine funkeln und glitzern. Tau entsteht ähnlich wie Nebel, wenn sich feuchte Luft abkühlt und immer weniger Wasserdampf behalten kann. Der überschüssige Wasserdampf formt dann feine Tröpfchen. Sie bilden sich an schwebenden Staubkörnchen, aber auch an Blättern oder Gras, weil die noch etwas rascher auskühlen als freie Luft.

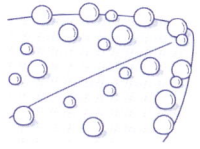

## Raureif

Bei Temperaturen unterhalb des Gefrierpunkts kondensiert der Wasserdampf aus der Luft an den gerade kältesten Stellen, etwa Zäunen, Zweigen, Gräsern oder Stängeln, direkt in Form von Eisnadeln. Weiterer Wasserdampf setzt sich dann bei zunehmen-

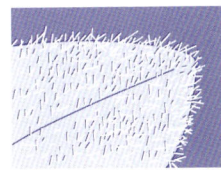

41

der Abkühlung bevorzugt auf die Eisnadeln und lässt sie wachsen. So können Nadeln, zarte Federn oder verwegen geformte Gebilde von mehreren Zentimetern Länge entstehen – besonders dann, wenn noch Wind mitspielt, etwa an frei stehenden Hindernissen.

### Schnee

Schneekristalle bilden sich hoch oben in einer Wolke, in Luftschichten, deren Temperatur unterhalb des Schmelzpunktes von Eis liegt. Meist entstehen aus gefrierenden Wassertröpfchen der Wolken zunächst winzige Eisplättchen. Während sie, von Winden verweht, durch die Wolke schweben, setzt sich darauf immer mehr Wasserdampf in Form von Eis ab. Bei tiefen Temperaturen werden die Plättchen größer, bei etwas höheren bilden sich daran Nadeln – die Schneesterne entstehen. Haben sie eine entsprechende Größe erreicht oder lässt der Wind in der Wolke nach, rieseln sie zu Boden.

Die Schneeteilchen sind ein Abbild der wechselnden Temperatur- und Feuchtigkeitsverhältnisse in den Wolken. Bei strenger Kälte fallen bisweilen feine Eisplättchen oder Nadeln oder auch feine weiße Körner (Schneegriesel). Schneeflocken dagegen bestehen aus kleinen Sternen aus Eis mit stets sechs Strahlen, von denen oft wiederum kleinere Verzweigungen abgehen. Jede Schneeflocke ist etwas anders geformt. In großen Flocken haben sich mehrere solcher Sterne verhakt.

Eine Hand voll frischem Schnee besteht zu neun Zehnteln aus Luft, nur ein Zehntel ist Eis. Weil die Schneeflocken sich mit ihren Sternstrahlen verhaken, bilden sie eine Art Netz mit großen, luftgefüllten Zwischenräumen. Eine Schneedecke wirkt da-

her ähnlich wie eine Wolldecke und schützt den darunter liegenden Boden und seine Tiere und Pflanzen gut gegen kalte Frost-
luft. Mit der Zeit aber taut der Schnee oberflächlich, die feinen
Sternnadeln verschwinden, dafür bilden sich dichtere Eisbrücken
und kugelige Eisgebilde. Der Schnee ist dann nicht mehr weich
und leicht, sondern hart: er verharscht.

### Gletscher

In kalten Gebieten taut gefallener Schnee nicht ab. Stattdessen
lagern sich die Schneeschichten übereinander und werden
immer dicker, oft viele Dutzend Meter. Unten presst das gewaltige Gewicht die Luft aus dem Schnee und bildet blauweißes Eis.
Und ganz unten schmilzt dieses Eis unter dem Druck und bildet
eine dünne Wasserschicht. Wenn jetzt der Untergrund stärker
geneigt ist, setzt sich das Eis talwärts in Bewegung, mit einem
Tempo von einigen Dezimetern bis Metern pro Tag. Die Wasserschicht am Grund wirkt dabei wie ein Gleitfilm. Es entsteht ein
Gletscher.

Besonders riesige Gletscher findet man in den Polargebieten.
Vom Inneren Grönlands und der Antarktis her schieben sie sich
in mächtigen, viele Kilometer breiten Zungen zum Meer hin und

brechen dort auseinander, wobei die Bruchstücke als Eisberge davon schwimmen und nach und nach schmelzen. Für Schiffe können Eisberge eine tödliche Gefahr darstellen. In der Dunkelheit sieht man sie gar nicht. Zudem versteckt sich der größte Teil des Eises unter Wasser; nur ein Zehntel schaut heraus. Daher werden heute alle Eisberge ständig per Satellit und mit Radargeräten an Bord von Patrouillenflugzeugen registriert, ihre Bahn verfolgt und Schiffe rechtzeitig gewarnt.

Weit kleinere Gletscher haben sich in den Gipfelregionen vieler Hochgebirge gebildet, etwa in den Alpen. Hier sammelt sich der Schneeüberschuss meist nur im oberen Bereich des Gletschers, dem Nährgebiet. Zieht der Eisstrom dann ins Tal, kommt er in wärmere Regionen. Das Eis schmilzt; das Schmelzwasser kommt als glasklarer, eiskalter Bach am tiefsten Punkt der Gletscherzunge aus dem gewölbten „Gletschertor" heraus. Wegen der Klimaerwärmung sind viele Gletscher der Alpen, der Anden und des Himalaya schon stark abgeschmolzen.

### Winde

Brennt die Sonne auf den Erdboden, so erwärmt er sich und die darüber liegende Luft. Warme Luft ist leichter als kühle Luft, also steigt sie empor. Diese Bewegung zieht nun wieder Luft aus anderen Gebieten heran – und deren Strömung empfinden wir als Wind. In anderen Gebieten sinkt kühle Luft aus der Höhe herab und verdrängt die dort liegenden Luftmassen, die ebenfalls als Wind wegströmen.

Bisweilen, wenn die Druckunterschiede besonders groß sind, entwickeln sich sogar Orkane, also mächtige Stürme mit Windgeschwindigkeiten über 120 km pro Stunde. Wer einmal bei diesem Tempo die Hand aus dem Autofenster hält, kennt die Kraft, die hinter solche Luftgeschwindigkeiten steckt. Sie können haushohe Wellen auftürmen und Schiffe in schwere Seenot bringen. An Land werden Bäume und ganze Wälder entwurzelt oder umgeknickt, Dächer abgedeckt, Masten und Autos umgeworfen und Gegenstände durch die Luft geschleudert.

Winde bezeichnet man immer mit der Richtung, aus der sie kommen. Ein Westwind also weht aus westlicher Richtung heran.

### Wirbelstürme

Hurrikan, Taifun oder Zyklon – unter diesen Namen sind diese gigantischen spiralförmigen Wirbel an verschiedenen Stellen der Erde bekannt. In jeder Sekunde setzt ein solcher Energiestrudel die Kraft von Hunderten von Atombomben frei. Auf dem Meer türmen orkanartigen Winde gewaltige Wogen auf, und an Land lassen solche Stürme eine Zone mit schwersten Verwüstungen hinter sich, in der oft ganze Häuser losgerissen und durch die Luft gewirbelt werden. Und aus mächtigen Wolken fällt sintflutartiger Regen.

Diese Wirbel entstehen nur über tropischen Meeren mit Wassertemperaturen von über 27 Grad Celsius. Dort bringt die Wärmeenergie der Tropensonne ungeheure Mengen Wasser zum Verdampfen. Der Wasserdampf steigt auf und gerät in kühlere Luftschichten, wo er zu Wassertröpfchen kondensiert. Dabei aber wird die Wärme frei, die die Sonne zuvor beim Verdampfen hineingesteckt hat. Sie heizt die Luft auf und erzeugt so weitere Aufwärtsbewegungen. Es entsteht ein gewaltiger Warmluftkamin vom Meer bis in über 12 km Höhe, der unter dem Einfluss der Erddrehung in Drehung kommt – ein Wirbelsturm ist geboren. Er kann über 2000 km Durchmesser haben, und in seinem Innern strömt die Luft mit rund 200 km pro Stunde aufs Zentrum zu. Dort liegt eine windstille, wolkenfreie Zone von 6 bis 40 km Durchmesser, das „Auge" des Hurrikans.

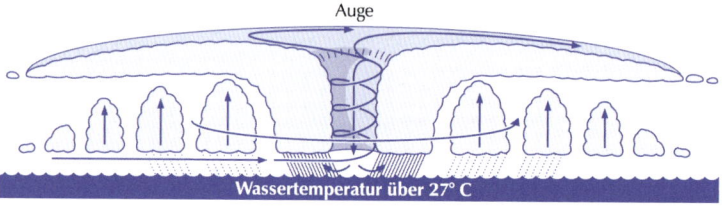

Im Nordatlantik ist die Hurrikan-Saison zwischen Juni und November, und mitunter ziehen diese Stürme dann abgeschwächt Richtung Europa und bringen auch hier noch Regen. Verhindern kann man Wirbelstürme bisher nicht. Aber man kann heute die Entstehung und das Wandern der Wirbel mit Hilfe von Satelliten verfolgen und so die betroffenen Regionen rechtzeitig warnen. Allerdings sind unangenehme Überraschungen nicht ausgeschlossen: Bisweilen ändern die Wirbel unvorhergesehen ihre Zugrichtung.

## Tornados

Diese höchst gefährlichen Wirbelstürme sind die stärksten Winde der Erdoberfläche: Die Luft erreicht in ihnen bis zu 480 km pro Stunde. Im Gegensatz zum Hurrikan entstehen sie nicht über dem Meer, sondern senken sich urplötzlich aus einer Gewitterwolke als rasch rotierender Wirbelschlauch von nur einigen Dutzend bis 100 Metern Durchmesser zum Boden herab. Dort verwüsten sie auf ihrer Zugbahn alles, was in ihre Reichweite kommt. Die Spur der Verheerung ist oft scharf gezogen: Es kann geschehen, dass ein Haus völlig zerstört wird, während das Nachbarhaus fast unbeschädigt bleibt.

Bisweilen treten Tornados auch auf dem Meer auf; sie werden dann „Wasserhosen" genannt.

Berüchtigt ist die Tornado-Alley in den weiten Ebenen im Mittelwesten der USA, wo diese „Twister" im Frühsommer oft in ganzen Trauben auftreten. Aber auch in Europa treten bisweilen kleinere, aber ebenfalls zerstörerische Tornados auf.

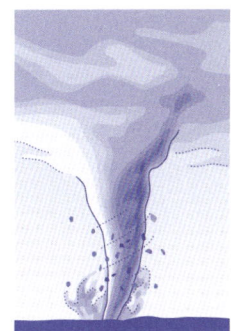

### Winde und Wüsten

Wie stark Winde das Klima und damit die Vegetation und den Lebensraum von Mensch und Tier beeinflussen, sieht man besonders deutlich an den Wüsten der Erde. Sie besitzt zwei Wüstengürtel, einen im Bereich des 30. Breitengrads der Nordhalbkugel, den anderen um die gleiche Breite im Süden. Das ist kein Zufall.

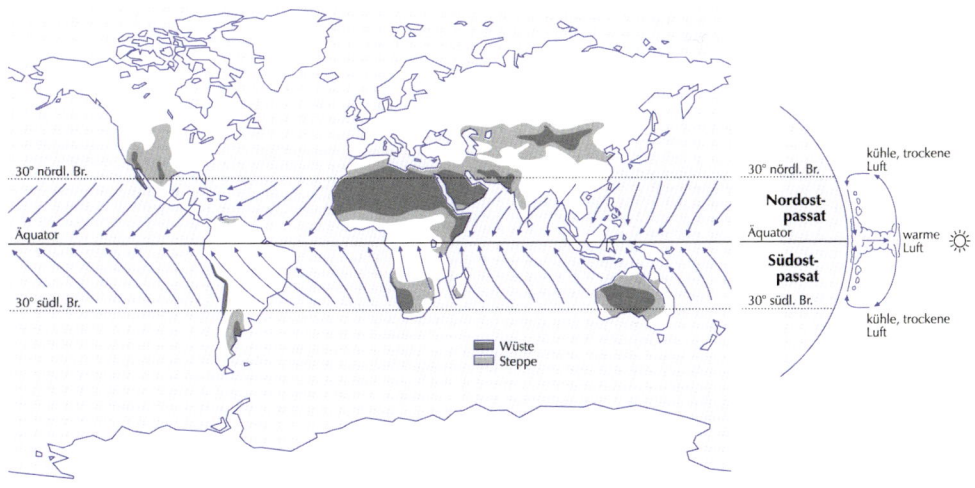

Am heißesten brennt die Sonne bekanntlich am Äquator, wo sie fast das ganze Jahr über fast senkrecht vom Himmel brennt. Dadurch steigt dort ein ständiger Strom von warmer Luft auf, denn warme Luft ist leichter als kühle. In großer Höhe strömen die Luftmassen nach Norden und Süden, kühlen dabei ab und sinken etwa beim 30. Breitengrad als kühle, trockene Luftmassen wieder herab. Daher regnet es hier selten, und es haben sich Wüsten gebildet – im Norden etwa die Sahara in Afrika, die Arabischen Wüsten und die Sonora in Nordamerika, im Süden die Kalahari in Afrika, die Atacama in Südamerika und die Australischen Wüsten. Auch Seefahrer fürchteten früher diese Zonen, denn hier herrscht oft Windstille. Die Schiffe lagen bisweilen wochenlang in der Flaute, und wegen des Regenmangels wurde oft das Trinkwasser knapp.

## Passatwinde

Etwas weiter zum Äquator hin dagegen wehen sogar sehr beständige Winde, die Passatwinde. Denn hier strömt die Luft zum Ausgleich wieder in die Äquatorzonen. Allerdings nicht genau nach Norden oder Süden, denn sie werden von der Erddrehung abgelenkt und strömen daher in südwestlicher Richtung (auf der Nordhalbkugel) bzw. in nordwestlicher Richtung (auf der Südhalbkugel). Diese das ganze Jahr über wehenden Winde haben eine große Bedeutung für das Klima, denn sie treiben auch einige wichtige Meeresströmungen an.

### Hochs und Tiefs

Auf der Wetterkarte fallen vor allem die Hochdruck- und die
Tiefdruckgebiete auf. In Hochdruckgebieten ist der Luftdruck
etwas höher als normal. Das liegt daran, dass hier Luft aus der
Höhe herab sinkt. Weil sie meist kühl und trocken ist, verbinden
wir Hochs mit schönem Wetter.

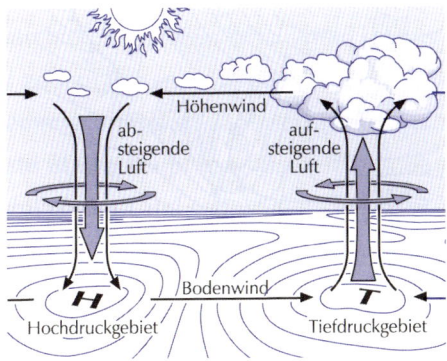

In Tiefdruckgebieten dagegen ist der Luftdruck etwas niedriger
als normal, weil hier warme Luft aufsteigt, angetrieben durch
Sonnenwärme. Weil sie dabei viel Feuchtigkeit in kühlere Luftschichten emporhebt, wo sie kondensiert und eventuell abregnet,
sind Tiefs oft mit Wolken und Niederschlag verbunden.
Die Gebiete unterschiedlichen Luftdrucks erzeugen auch die
Winde, denn sie sind nichts anderes als Luftströmungen, die die
Druckunterschiede ausgleichen. Der Wind weht daher stets von
einem Hochdruck- zu einem Tiefdruckgebiet.

49

### Gewitter

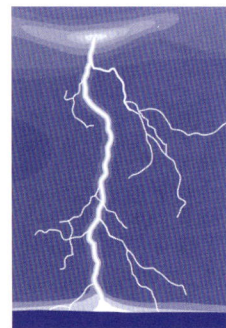

Etwa 100 Blitze zucken pro Sekunde vom Himmel unseres Planeten. Gewitter und die damit verbundenen Regenfluten, Hagelschauer und Stürme verursachen Jahr für Jahr Schäden in Milliardenhöhe. Denn schon ein normales Durchschnittsgewitter enthält mehr Energie als eine Atombombe, und die Winde innerhalb der Gewitterwolke erreichen regelmäßig Orkanstärke.

In größerer Höhe bestehen Gewitterwolken vor allem aus Eiskristallen. Mächtige Winde reiben diese Kristalle innerhalb der Wolke ständig aneinander. Dabei entstehen hohe elektrische Spannungen, und es bilden sich unterschiedlich elektrisch geladene Gebiete innerhalb der Wolke. Zwischen ihnen kann die elektrische Spannung auf über 100 Millionen Volt ansteigen, 500 000-mal so viel wie die Spannung in der Steckdose. Irgendwann ist die Spannung so hoch, dass sie sich durch die dazwischen liegende isolierende Luft hindurch ausgleicht: Ein Blitz zuckt. Innerhalb einer Millionstel Sekunde heizen gewaltige elektrische Ströme die Luft bis etwa 30 000 Grad Celsius auf, fünfmal so heiß wie die Sonnenoberfläche. Und eine starke Schallwelle breitet sich aus, die wir als Donner wahrnehmen.

Nicht jeder Blitz übrigens erreicht die Erde: Die meisten Blitze zucken innerhalb der Wolken und erleuchten sie mit schwefelgelbem Schein.

### Hagel

Die mächtigen Winde in den Gewitterwolken lassen die kleinen Eiskristalle auf und ab tanzen. Sie durchfliegen dabei immer wieder Zonen feuchter Luft. Dabei setzten sich immer neue Eisschichten auf ihnen ab. Je stärker die Aufwinde in der Wolke,

desto schwerer und größer können die Eiskörner werden.
Schließlich aber sind sie so schwer, dass sie zu Boden fallen.
Wegen ihrer Größe, die leicht ein Hühnerei übertreffen kann,
schmelzen sie selbst in warmen Luftschichten nicht. Sie prasseln
daher mit großer Wucht auf den Boden, können dort Menschen
und Tiere erschlagen und gewaltige Schäden an Pflanzen und
Häusern anrichten.

## Klima

Das Wetter ändert sich oft von Tag zu Tag. Aber langfristig gibt es
von Gebiet zu Gebiet Gemeinsamkeiten – etwa die durchschnittlichen Temperaturen, Windstärken und Niederschlagsmengen. Sie
werden zusammengefasst als Klima bezeichnet. Das Klima kann
sich also nur langsam, im Laufe von Jahren, ändern.
Das Klima in verschiedenen Regionen der Erde ist recht unterschiedlich. Die Sonne bescheint zwar die gesamte Erde. Dennoch
ist es an den Polen sehr kalt, in den Äquatorregionen dagegen aus-
gesprochen warm. Ursache dafür ist, dass die Sonne am Äquator
das ganze Jahr über fast senkrecht vom Himmel brennt, während
sie in den nördlicheren und südlicheren Gebieten weniger hoch
am Himmel steht. Daher verteilt sich ihre Strahlungswärme über
ein größeres Gebiet. Zudem laufen die Sonnenstrahlen schräg
durch die Lufthülle und werden auf diesem längeren Weg stärker
geschwächt. Pro Quadratkilometer kommt daher weniger an.
Dazu macht sich der Einfluss der Jahreszeiten bemerkbar. Am
Äquator gibt es keine Jahreszeiten, hier sind die täglichen Tem-
peraturänderungen zwischen Tag und Nacht größer als diejenigen

im Laufe des Jahres. Anders ist es, wenn man in Richtung der Pole geht. Dann werden die Temperaturschwankungen im Laufe des Jahres immer größer, also zwischen Sommer und Winter. Am Pol selbst dauert der Winter sogar ein halbes Jahr, und die Sonne taucht überhaupt nicht über den Horizont. Im Polsommer dagegen scheint sie ein halbes Jahr lang, aber wegen ihrer geringen Strahlungskraft bleibt es dennoch recht kalt.

## Albedo

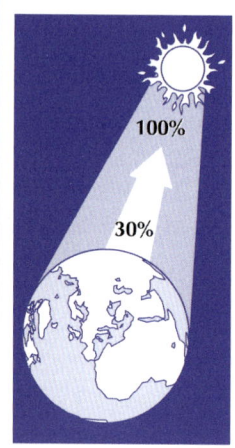

Wie viel die Erdoberfläche von der auftreffenden Sonnenstrahlung schluckt, hängt davon ab, ob sie hell oder dunkel ist. Denn ein heller Untergrund, zum Beispiel eine mit Schnee bedeckte Fläche, eine Steppe oder eine Wüste, wirft einen weit größeren Teil der Strahlung zurück und fängt daher weit weniger Wärme ein als etwa Ozeane oder dunkle Wälder. Die Stärke der Rückstrahlung bezeichnet man als Albedo. Im Durchschnitt reflektiert die gesamte Erdoberfläche zurzeit etwa 30 Prozent der eintreffenden Sonnenstrahlung. Schmelzen die Gletscher und die grönländischen Eisschilde weiter ab, wird der Albedoeffekt in diesen Gebieten stark abgeschwächt.

## Globale Zirkulation

Auf die Äquatorzonen der Erde fällt derart viel mehr Sonnenstrahlung als auf die Polarregionen, dass es am Äquator eigentlich viel heißer als in Wirklichkeit und an den Polen viel kälter sein müsste. Dass dennoch die Temperaturunterschiede nicht so groß sind, liegt an den großen Wärmeaustauschsystemen der Erde. Meeresströmungen und mehrere weiträumige Luftmassen-

Zirkulationssysteme bringen einen Teil der Wärme aus den Tropen gen Norden und Süden. Die von ihnen transportierte Wärmeenergie prägt das Klima in den verschiedenen Zonen, etwa Winde und Niederschläge. So sorgen Luft und Wasser für einen gewissen Temperaturausgleich.

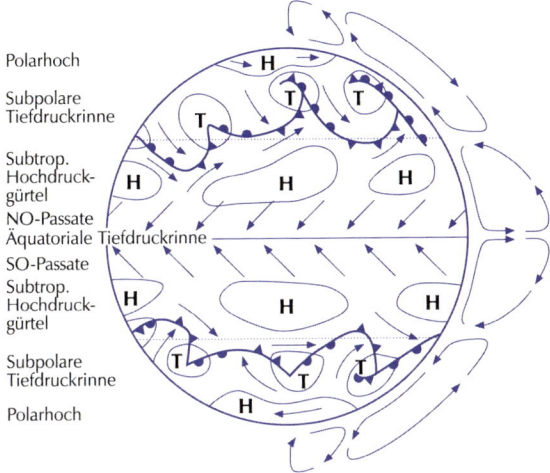

Polarhoch

Subpolare
Tiefdruckrinne

Subtrop.
Hochdruck-
gürtel

NO-Passate
Äquatoriale Tiefdruckrinne
SO-Passate

Subtrop.
Hochdruck-
gürtel

Subpolare
Tiefdruckrinne

Polarhoch

## Klimazonen

Man kann die Erde nach der Stärke der Sonneneinstrahlung in sieben Klimazonen unterteilen – also große Gebiete mit ungefähr gleichen Klimabedingungen. An die tropische Zone am Äquator schließen sich im Norden und im Süden jeweils die subtropischen Zonen an, dann kommen die gemäßigten Zonen, und sie gehen schließlich in die kalten Polargebiete über. Wir leben in Mitteleuropa in der nördlichen gemäßigten Zone.
In den Tropen sind Tag und Nacht das ganze Jahr über etwa gleich lang. Allerdings regnet es in manchen Gebieten oft, und vielfach ist der Himmel häufig bewölkt.

Die Subtropen bekommen schon deutlich weniger Sonnenstrahlung ab. Weil hier in manchen Gebieten – nämlich in den Wüsten – kaum jemals ein Wölkchen am Himmel steht, liegen hier die Gebiete mit den höchsten Temperaturwerten. Die Jahreszeiten machen sich bemerkbar, meist gibt es trockene war-me Sommer und milde, feuchte Winter.

In den gemäßigten Zonen ist die Strahlung fühlbar schwächer. Die Jahreszeiten wechseln zwischen kaltem Winter und warmem Sommer, während die Niederschläge zwar von Tag zu Tag stark schwanken, insgesamt aber übers ganze Jahr ausgeglichen und ziemlich hoch sind. Die Länge von Tag und Nacht im Jahreslauf schwankt umso mehr, je weiter man polwärts kommt.

In den Polargebieten schließlich geht die Sonne im Sommer zeitweise gar nicht mehr unter (Mittsommernacht), dafür sind im Winter die Tage entsprechend kurz. Die Temperaturen sind im Durchschnitt niedrig, wobei die Sommer milde und kurz, die Winter aber lang und kalt sind. Nahe der Pole steigt die Temperatur kaum jemals über die Nullgradgrenze, die wenigen Nieder-schläge fallen meist als Schnee, und Land und Meer sind teilweise eisbedeckt.

Das tatsächliche Klima einer Region hängt darüber hinaus aber auch noch von anderen Einflüssen ab. So spielt es eine Rolle, ob eine Gegend in einem großen Festland oder nahe am Meer oder vor oder hinter einem Gebirge liegt. Auch die großen Windsysteme der Erde – etwa die Passatwinde und der Monsun – entscheiden mit und bestimmen unter anderem, ob die Region feuchter oder trockener ist. Und schließlich haben die Meeresströmungen einen bedeutenden Einfluss, denn sie können große Mengen Wärme transportieren. So liegt Deutschland etwa auf dem gleichen Breitengrad wie Labrador in Kanada, ist aber dank der Warmwasserheizung Golfstrom deutlich wärmer.

### Vegetationszonen

Eindrucksvoller als bei den Klimazonen erkennt man die regionalen klimatischen Unterschiede an den Vegetationszonen, weil
sich im Bewuchs neben den Temperaturen auch Einflüsse von
Niederschlag (Gesamthöhe, aber auch Schwankungen im Jahreslauf), der Boden und die Höhe über dem Meer widerspiegeln.
Daher stimmen die Vegetationszonen auch nur sehr grob mit den
Klimazonen überein. Einige existieren sogar nur auf der Nordhalbkugel, weil es auf der Südhalbkugel in diesem Bereich kein
Festland gibt.

### Tropische Regenwälder

Diese immergrünen Wälder kommen im Äquatorgürtel vor, etwa
in Südostasien, im Norden von Australien, in Afrika und in Mittel-
und Südamerika. Sie brauchen ganzjährig reichlichen Niederschlag. Ein Großteil des Wassers verdunstet über die Pflanzen.

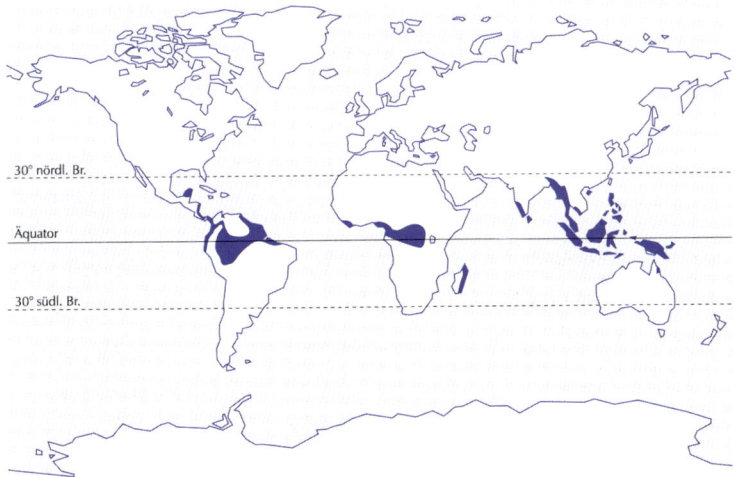

*Zone mit tropischen Regenwäldern*

57

Daher bilden sich regelmäßig im Tagesverlauf Wolken, und nach-
mittags regnet es regelmäßig. Daher sind Regenwälder meist von
Flüssen und großen Strömen wie Amazonas (Südamerika) und
Kongo (Afrika) durchflossen. Die Wälder sind stockwerksartig
aufgebaut, wobei jedes Stockwerk unterschiedliche ökologische
Bedingungen aufweist. Nicht zuletzt deshalb sind diese Wälder
die artenreichsten Lebensräume auf der Erde, die mindestens die
Hälfte aller Tier- und Pflanzenarten beherbergen. Die meisten
Pflanzenarten sind noch gar nicht bekannt oder genauer unter-
sucht; man hofft und vermutet, dass sich hier noch wichtige
Stoffe finden lassen, die als Medikamente einsetzbar wären.
Bei früheren Untersuchungen hat man bereits viele wichtige
Arzneistoffe gefunden. Daher wird der Regenwald bisweilen
auch als größte „Apotheke der Welt" bezeichnet.
Die Tierwelt ist vor allem durch Insekten, Krebstiere und Spin-
nentiere vertreten, außerdem leben hier (oft bunte) Vögel wie
Papageien, Kolibris oder Paradiesvögel, Amphibien wie etwa
die Pfeilgiftfrösche und Reptilien wie Chamäleons, Krokodile
und zahlreiche Schlangen. Die Flüsse sind sehr fischreich.
Zu den eher wenigen Arten von Säugetieren zählen Affen und
Menschenaffen, der afrikanische Waldelefant sowie Großkat-
zen wie der Jaguar in Mittel- und Südamerika und der Tiger in
Asien.
Die Regenwälder der Erde sind stark gefährdet: Sie werden in
großem Maße abgeholzt und abgebrannt zur Holzgewinnung
und um Ackerland zu gewinnen zum Anbau von Soja (als
Tierfutter), Grasland zur Beweidung durch Rinderherden und
neuerdings zur Biokraftstoffgewinnung (z. B. Palmöl). Diese
Rodung zerstört das gesamte Ökosystem mit seinen speziellen
Boden- und Klimaverhältnissen unwiederbringlich.

**Savanne**

Wo die Temperaturen noch hoch, die Niederschläge aber geringer und seltener sind, haben sich weite offene Landschaften
gebildet, die nur sehr locker mit Bäumen bestanden sind. Der
Boden ist aber dicht mit Gräsern und Kräutern bedeckt. Oft regnet es hier nur in einigen Monaten des Jahres, in der restlichen
Zeit trocknet es aus. Dann rasen oft Buschfeuer über das verdorrte Land. Die dortigen Bäume können daher meist gut Wasser
speichern und auch Feuern widerstehen. Immerhin beseitigen
die Brände verdorrte Pflanzenreste und führen deren Mineral-
stoffe wieder dem Boden zu.

Die weiten Grasländer bieten Futter für große Säugetiere wie
Zebras, Gnus, Elefanten, Gazellen und Giraffen, in Australien
auch Kängurus. Sie wandern in manchen Gebieten über weite
Strecken, bedingt durch die jeweiligen Niederschläge. Diese
Pflanzenfresser sind wiederum Beutetiere von Löwen und
Geparden.

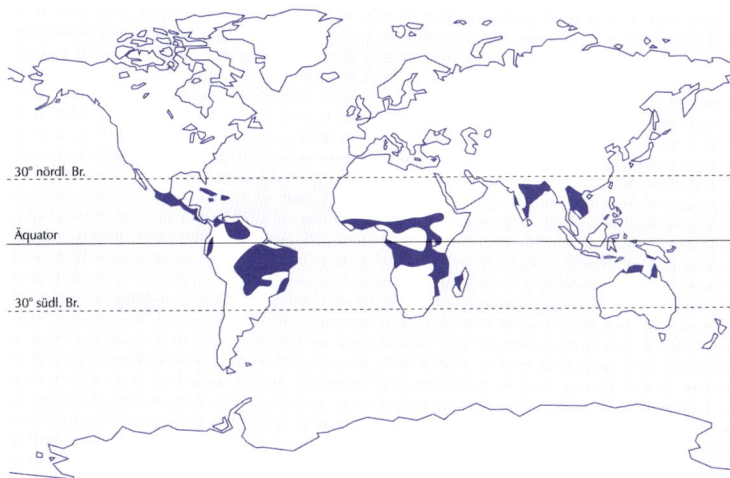

*Savannengebiete der Erde*

59

Die Savannen reagieren stark auf Veränderungen des Klimas:
Bei Abnahme der durchschnittlichen Niederschläge werden sie
wüstenähnlicher, bei Zunahme wächst der Baumbestand.
Gefährdet sind sie zudem durch menschliche Nutzung, etwa
Überweidung und Abholzung der Bäume, um Brennholz zu
gewinnen; auch dadurch werden sie wüstenähnlicher.

### Wüsten

Hier fällt im Durchschnitt weniger Niederschlag als bei den ge-
gebenen Temperaturen verdampfen könnte. Daher haben Pflanzen meist nicht genug Wasser zum Wachstum, und nur ganz
wenige, speziell angepasste Arten, etwa tief wurzelnde Akazien,
können überhaupt überleben. Manche Wüstengebiete allerdings
blühen nach einem der seltenen Regengüsse geradezu auf, weil
jetzt plötzlich die im Boden ruhenden Samen keimen.
Am bekanntesten sind die Wüsten in den subtropischen Zonen
der Erde im Bereich der 30. Breitengrade. Hier wird es tagsüber

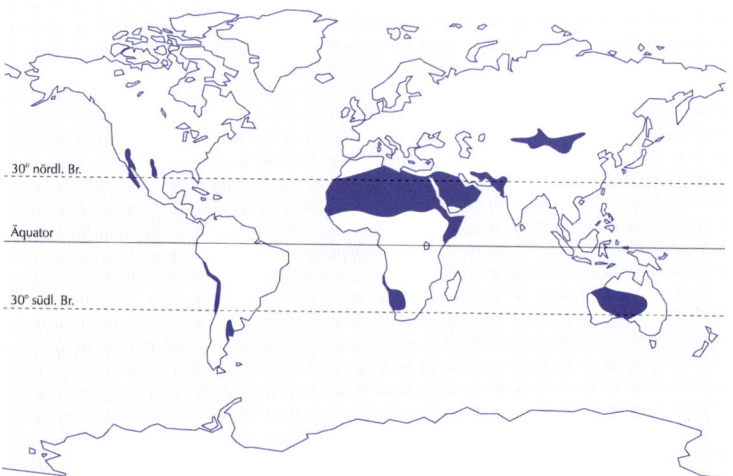

*Wüstengebiete der Erde*

wegen des wolkenlosen Himmels sehr heiß (Bodentemperatu-
ren bis 70 °C), nachts allerdings kühlen Luft und Boden auch
rasch wieder ab und es kann sogar Frost geben und etwas Tau
als Wasserquelle. Der Untergrund besteht nur in manchen
Gebieten aus Sand und Dünen, viel häufiger sind Stein- und
Kieswüsten. Mitunter enthält der Boden viel Salz, weil dort ein-
geflossenes salzhaltiges Wasser verdunstet ist und die gelösten
Stoffe zurück ließ.

Trotz der Pflanzenarmut gibt es zahlreiche Tierarten, wenn auch
nicht in hoher Individuenzahl, neben Insekten auch Säuger, Reptilien und Vögel. Sie haben oft erstaunliche Anpassungen an die
speziellen Bedingungen.

### Zone mittelmeerischer Gewächse

Hier wachsen vor allem Wärme liebende Pflanzen, welche die
langen trockenen Sommer gut überstehen können. Dazu zählen
etwa Bäume wie die Steineiche, der Olivenbaum, die Korkeiche,

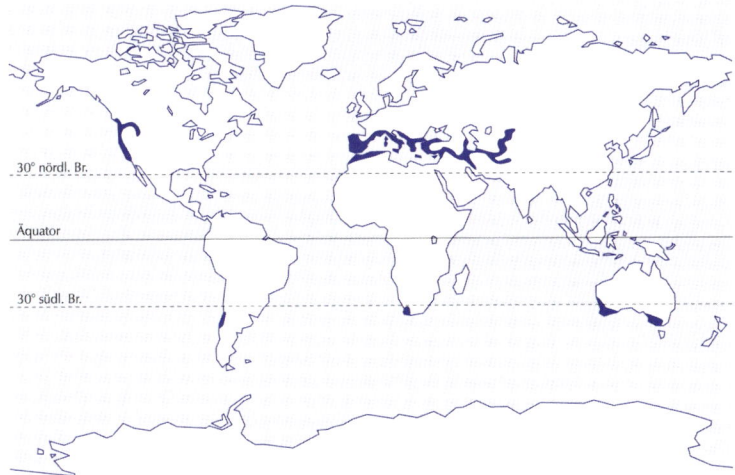

*Zonen der Erde mit mittelmeerischen Gewächsen*

Pinien, Zypressen, Zedern und Lorbeerbäume. Sie haben spezielle Maßnahmen gegen zu hohe Wasserdunstung – etwa nadelförmige Blätter oder besonders dicke Blatthäute (Hartlaubgewächse). Wo diese Wälder abgeholzt wurden, hat sich eine fast undurchdringliche Gestrüppzone, die Macchie, ausgebreitet, mit Gewächsen wie Baumheide, Zistrosen, Myrte, Lorbeer und Mastix. An trockeneren Standorten kann selbst die Macchie nicht existieren, hier wachsen niedrige Zwergsträucher und viele andere Kräuter, darunter zahlreiche Orchideen. An offenen Stellen haben sich oft stark duftende Kräuter wie Thymian, Salbei, Lavendel und Rosmarin angesiedelt. In Frankreich nennt man diese sehr artenreiche Vegetation Garrigue, in Griechenland Phrygana. Viele hier lebende Pflanzen können nur existieren, weil sie sich durch Dornen und Aromastoffe vor dem Fraß durch die allgegenwärtigen Schafe und Ziegen schützen.

Die Tierwelt im Mittelmeerraum ist insgesamt sehr reichhaltig mit zahlreichen Arten von Vögeln (etwa Rebhuhn, Pelikan, Flamingo, Fasan, Eulen, Kranich), Reptilien (etwa Eidechsen, Schlangen, Schildkröten, früher auch Krokodile) und Säuger (etwa Füchse, Schakale, Braunbären, Wildschweine, in früheren Zeiten auch Löwen und Wölfe). Auch stammen die Wildformen vieler unserer Haustiere von hier. Dazu kommt das ebenfalls artenreiche Meer selbst. Mittelmeerklima findet man auch etwa in Regionen Kaliforniens, in der Kapregion Südafrikas, in Chile und in Westaustralien.

### Grasländer

Wo es insgesamt zu trocken ist, haben sich weite baumlose Gebiete mit Bewuchs von Gräsern und Kräutern ausgebreitet. Im Sommer wird es hier meist sehr warm, im Winter kann es dagegen recht kalt werden.

Je nach Region haben diese Gebiete unterschiedliche Bezeichnungen. In Asien nennt man sie zum Beispiel Steppen, in Nordamerika Prärie und Great Plains, in Südamerika Pampa. Viele unserer Wiesenpflanzen und Tierarten sind aus den osteuropäischen Steppen eingewandert, auch die Wildformen der Getreidearten stammen von dort. Zu den typischen Tieren gehören etwa der Bison in Nordamerika, das Guanako Südamerikas und aus der eurasischen Steppe etwa die Saiga sowie inzwischen auch in unserer Kulturlandschaft heimische Arten wie Feldhase, Reh, Hamster, Ziesel, Feldmaus, Maulwurf, Feldspitzmaus, Hermelin, Rebhuhn, Kiebitz, Wachtel und Feldlerche, dazu zahlreiche Insekten, Spinnentiere und Reptilien.

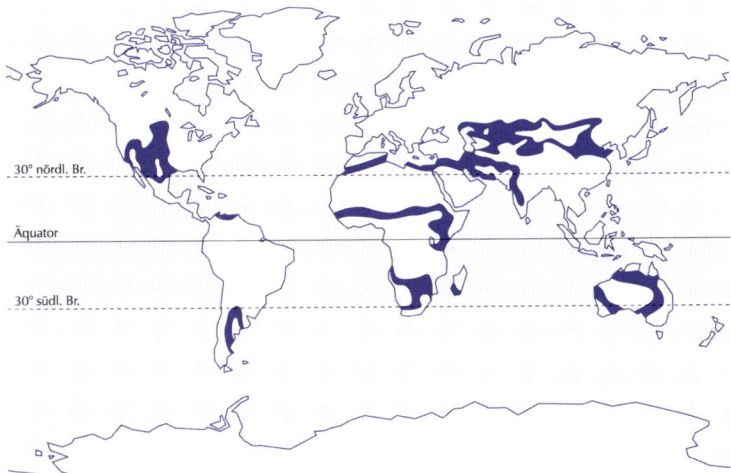

30° nördl. Br.

Äquator

30° südl. Br.

*Grasländer – Regionen der Erde*

### Sommergrüne Laubwälder
Sie entwickeln sich in Zonen, wo es genügend Niederschlag gibt, die Sommer warm und die Winter kalt sind. In Mitteleuropa sind sie die von Natur aus vorherrschende Vegetationsform. Aber es

63

gibt solche Wälder auch etwa im Osten und an der Pazifikküste Nord- und Südamerikas sowie in Ostasien. In sehr feuchtem Klima sind diese Wälder auch immergrün. Typische Bäume sind etwa Buchen, Eichen, Ahorn, Birken, Eschen, Erlen, Linden und

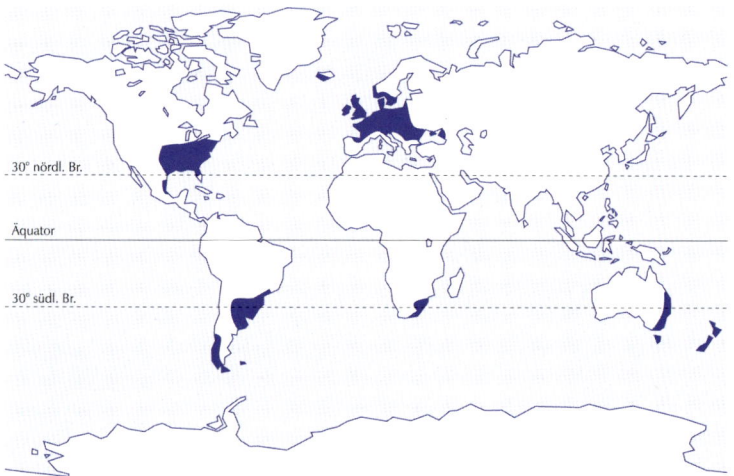

*Zonen mit sommergrünen Laubwäldern*

Hainbuchen gemeinsam mit anderen Laubbäumen, dazu Sträucher wie Hasel, Weißdorn und Eberesche. Im Herbst werfen diese Pflanzen ihr Laub ab, um sich vor der Austrocknung zu schützen, wenn das Wasser im Boden gefroren ist.

In trockenen Gebieten (Sandböden) hält sich auch die Kiefer als Nadelbaum. Nur in höheren Lagen kommen von Natur aus Nadelbäume wie Fichten vor; unsere Fichtenforste sind angepflanzt.

**Taiga**

Nördlich der gemäßigten Zone zieht sich ein breites Band von Nadelwäldern um die gesamte Erde, das größte zusammenhängende Waldgebiet der Erde. In Eurasien wird es Taiga genannt.

In der Taiga sind die Sommer so kurz und zudem kühl und die
Winter mit teils über sechs Monaten Dauer so lang und schnee-
reich, dass nur noch Nadelbäume gedeihen können. Sie widerstehen dank ihrer Wuchsform Schneelasten weit besser als Laub-
bäume, vor allem aber haben sie in ihren Nadeln Anpas-sun-
gen gegen die winterliche Trockenheit. Weil sie ihre Nadeln
nicht abwerfen müssen, können sie die etwas wärmeren und
helleren Tage im Jahr voll nutzen. Nur wo es extrem kalt und
trocken ist, setzt sich die Lärche durch, die im Winter ihre
Nadeln abwirft.

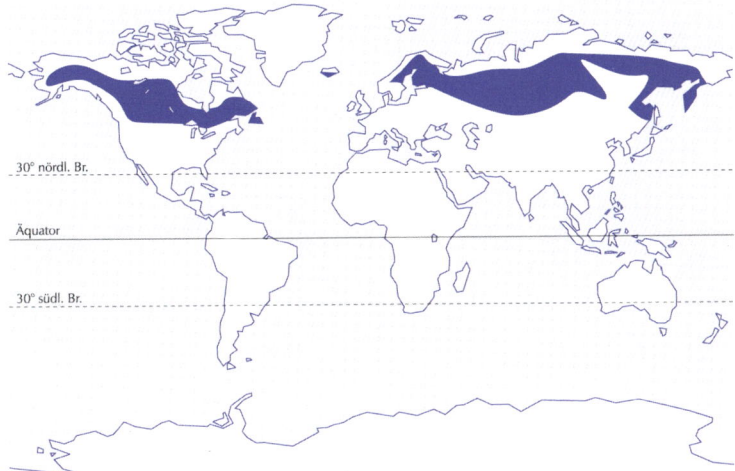

*Das Band der Taiga der Erde*

Der Nadelwald ist recht artenreich. Hier leben zahlreiche Vogelarten, dazu Säugetiere wie Elch, Wolf, Bison, Vielfraß, Rentier,
Bären, Hirsche, Luchs, Biber, zum Teil auch Puma und Tiger. In
größeren Abständen brechen natürliche Feuer aus, die eine
wichtige Rolle in diesem Ökosystem spielen.

### Tundra

Wenn die Durchschnittstemperaturen zu niedrig und die Vegetationsperiode zu kurz ist, als dass selbst Nadelbäume überleben können, beginnt die Tundra. Hier wachsen vor allem niedrige Sträucher, Gräser, Moose und Flechten; zum Teil ist der Boden ganzjährig gefroren (Permafrost), die Winter sind bis zu 10 Monate lang und großteils lichtarm, und im kurzen kühlen Sommer taut nur die oberste Schicht auf. Dennoch gedeihen besonders in südlicheren Regionen zahlreiche Blütenpflanzen, die zum Teil mit der Flora der Hochgebirge verwandt sind. Eine reichhaltige Vogelwelt hat sich an das Leben hier angepasst, darunter Enten, Gänse, Möwen, Schneehuhn und Steinadler. Zu den typischen Tieren zählen Polarfuchs, Polarwolf, Rentier, Vielfraß, Moschusochse, Lemming und Eisbär.

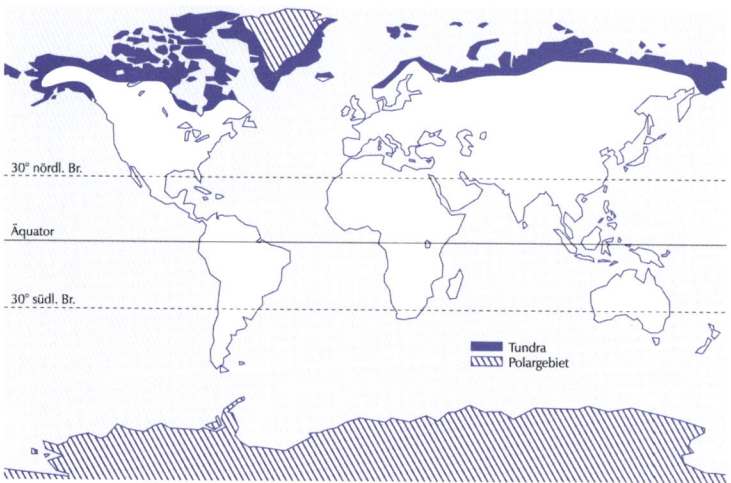

*Tundren und Polargebiete der Erde*

**Polargebiete**

Hier liegt die Durchschnittstemperatur selbst im wärmsten Monat unter 10 °C, dafür aber gibt es sehr kalte Winter, ganzjährig Schnee und Eis und nur wenig Pflanzenwuchs (etwa Algen und Flechten). Viele Monate ist die Sonne gar nicht zu sehen.

Die Tierwelt ist mangels Pflanzen auf andere Tiere angewiesen, etwa auf Meereslebewesen; viele Bewohner leben sowieso im Meer. Dennoch ist das Gebiet erstaunlich artenreich. Im Nordpolargebiet etwa trifft man zahlreiche Vogelarten, Eisbären, Robben, Moschusochsen, Wale und natürlich viele Arten Fische im Meer. Im Südpolargebiet leben etwa Wale, Seehunde, Seelöwen, Pinguine, Albatrosse und Sturmvögel und zudem im Wasser Fische und ganze Schwärme von Kleinkrebsen (Krill).

### Verändert sich das Klima?

Das Klima der Erde ist alles andere als stabil. Vielmehr wechselt
es ständig. Allerdings in so langen Zeiträumen von einigen Jahren
und Jahrzehnten, dass viele Menschen diese Änderungen gar
nicht mitbekommen – zumal auch das menschliche Gedächtnis
für solche langsamen Veränderungen eher schlecht ist. Feststellen
lassen sie sich aber recht genau anhand der Wetter- und Tempera-
turaufzeichnungen der Meteorologen, die es allerdings erst seit
gut 150 Jahren gibt. Um die Klimaveränderungen früherer Zeiten
zu ermitteln, muss man andere Daten auswerten – etwa Preis-
schwankungen für Nahrungsmittel, Jahresringe von Bäumen,
Ablagerungen in Seeböden und am Meeresgrund und Eisbohr-
kerne aus Grönland und der Antarktis. Modernste Messmethoden
an solchen Proben erlauben heute erstaunlich gute Rekonstruk-
tionen früherer Klimate.

Längst nicht ausreichend verstanden sind die Faktoren, die zu diesen Schwankungen führen. Bekannt sind auf jeden Fall mehrere
Ursachen, darunter etwa Veränderungen der Sonnenaktivität und
der Erdbahn sowie Vulkanausbrüche. Allerdings wirken diese
Ursachen in unterschiedlicher Weise und Stärke und mit unterschiedlichen Folgen auf das komplexe Zusammenspiel im irdischen Wettergeschehen ein. So würde eine verstärkte Sonnen-
tätigkeit mehr Wasser aus den Ozeanen verdunsten lassen. Das
führt dann eventuell zu dichterer Bewölkung, die wiederum ein
Teil der Sonnenstrahlung vom Meer zurückhält, dafür aber vielleicht das Windgeschehen beeinflusst, das wiederum zu mehr
oder weniger Niederschlag und damit zum Vordringen oder zum
Rückgang der Wüsten führen kann. Zudem gibt es Mechanismen,
die auf unberechenbare Weise diese Effekte verstärken oder ab-

schwächen. Die Vereinten Nationen haben zusammen mit der
Weltorganisation für Meteorologie ein Expertengremium berufen,
den Weltklimarat IPCC (Intergovernmental Panel on Climate
Change). Es soll die Klimaforschung vorantreiben und berichtet
regelmäßig über den Stand der Forschung.

### Eisvorstoß von Norden: die Eiszeit

Im Grunde ist es auf der Erde zurzeit ungewöhnlich kühl. In den
meisten erdgeschichtlichen Perioden war es weit wärmer. Im
Erdmittelalter etwa lebten Dinosaurier selbst in polnahen Regionen, wo es auch keine Eiskappen gab. Eine deutliche Tempera-
turabsenkung setzte etwa vor 3–4 Millionen Jahren ein. Man
nennt diese Kälteperiode die Eiszeit. Auch ihre Ursachen sind
noch nicht vollständig bekannt, offenbar spielen aber bestimmte

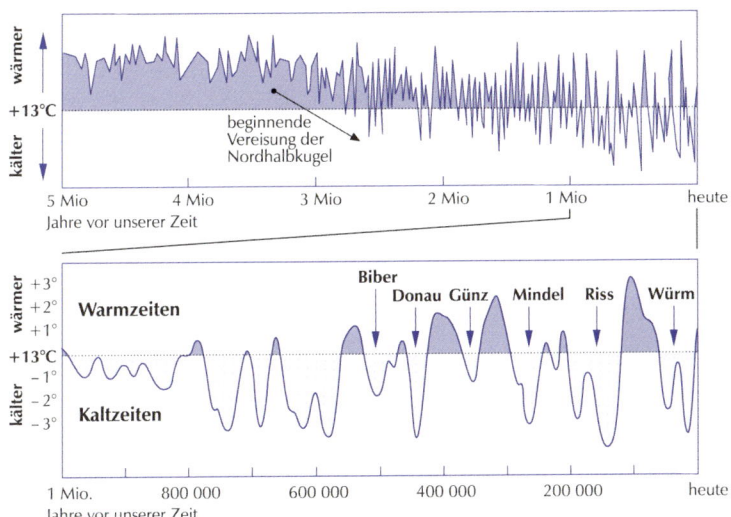

regelmäßige Schwankungen der Erdbahn und der Stellung der
Erdachse eine wichtige Rolle. Sie hält bis heute an.

Innerhalb dieser Eiszeitperiode gab es Phasen besonders niedriger Temperaturen, die Glaziale (Kaltzeiten). Sie wurden unterbrochen von weit kürzeren wärmeren Perioden, den Warmzeiten oder Interglazialen. Sie dauern etwa 15 000 Jahre und treten ungefähr alle 100 000 Jahre ein. Auch wir leben derzeit in einem Interglazial, das vor etwa 11 600 Jahren einsetzte – im Durchschnitt der Eiszeittemperaturen ist es also derzeit recht warm. Noch vor 120 000 Jahren, im letzten Interglazial, lebten im Rhein Flusspferde. Dann brach erneut eine Kaltzeit herein. Die Gletscher stießen von Skandinavien nach Europa vor und bildeten einen bis zu 3000 m dicken Eispanzer. Die Alpen waren fast vollständig unter Eis verschwunden. Auch Nordamerika lag teilweise unter Eis. Weil so viel Wasser als Eis gebunden war, lag der Meeresspiegel rund 130 m tiefer als heute.

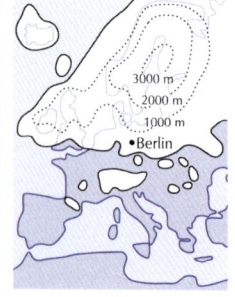

Selbst in den eisfreien Regionen gab es nur dürftige Vegetation, aber eine vielfältige Tierwelt, etwa Mammuts, Höhlenbären, Säbelzahnkatzen und Höhlenlöwen. Auch Menschen lebten in Mitteleuropa, Neandertaler und seit etwa 40 000 Jahren auch von unserer Art Homo sapiens.

## Die Gletscher schmelzen

Ein Temperaturminimum wurde zuletzt vor 21 000 Jahren erreicht. Damals war es etwa 6 °C kälter als heute. Danach stiegen die Temperaturen zunächst langsam. Gegen Ende der Kaltzeit aber gab es massive Temperaturschwankungen, bei denen es zum Teil binnen weniger Jahre um 12 Grad wärmer wurde. Ursachen sind vermutlich bestimmte zyklische Schwankungen in der Erdbahn, die sich heute nicht mehr auswirken. Dadurch schmolzen die hiesigen Gletscher derart rasch ab, dass das

Schmelzwasser breite Täler formte, die Urstromtäler. Der dicke skandinavische Eisschild dagegen brauchte mehrere Jahrtausende zum Abschmelzen.

Danach war das Klima viele Jahrtausende recht warm und feucht, mit einem Höhepunkt vor rund 7000 Jahren. Die Alpen etwa waren zeitweise völlig eisfrei, und die Sahara feucht, begrünt, belebt und besiedelt. Erst vor etwa 4500 Jahren setzte dort eine Trockenzeit ein, und die Bewohner wanderten ab und siedelten sich zum Teil an den fruchtbaren Flusstälern an – zum Beispiel am Nil. Um diese Zeit blühten dort und im Zweistromland Hochkulturen auf – vielleicht kein Zufall.

Eine warme Periode gab es auch zwischen 100 v. Chr. und 500 n. Chr., also in der Römerzeit. Damals war Nordafrika eine Kornkammer und reich an Tieren. Vermutlich trug die anschließende Klimaverschlechterung zur Völkerwanderung und zum Ende des Römischen Reichs bei.

Erst ab etwa 800 wurde es wieder wärmer. In diesem „mittelalterlichen Optimum" war Weinbau bis nach Südskandinavien möglich, es gab reichliche Ernten und ein Bevölkerungszuwachs, der zur Gründung zahlreicher Dörfer und Städte führte. Die Wikinger gründeten in jener Zeit Kolonien auf Grönland, das sie nicht ohne Grund „grünes Land" nannten, und das Polarmeer war weitgehend schiffbar.

### Pest und Not: die „Kleine Eiszeit"

Eine erneute längere Abkühlung begann dann kurz nach 1200, besonders verstärkt nach 1300. Offenbar veränderten sich auch die Niederschläge: Weite Bereiche Mitteleuropas erlebten 1342 schwere Überschwemmungen, und die zuvor fast vollständig abgeschmolzenen Alpengletscher wuchsen erneut. An der Nordseeküste brachte die Klimaveränderung mehrere sehr schwere Sturmfluten. Schon 1219 forderte die „Marcellusflut" rund 100 000 Opfer. Noch schlimmer war die „Grote Mandränke" von 1362, die Städte und Dörfer an der Küste ausradierte und ganze Landstriche ins Meer riss. Weitere schwere Fluten brachen unter anderem 1436, 1509, 1532, 1570 und 1634 das Land weiter auf und gaben der Deutschen Bucht das heutige zerrissene Aussehen. Zudem breitete sich die Pest aus, gefördert durch viele Missernten und Hungersnöte: Die kühlen, nassen Sommer ließen oft das Getreide auf dem Halm verfaulen. Die Bevölkerungszahlen gingen massiv zurück, viele Dörfer wurden aufgegeben, und auch die Wikinger-Kolonie auf Grönland erlosch. Der Weinbau in Norddeutschland und Südengland verschwand.

Von nun an mussten die Menschen oft sehr kalte und lange Winter sowie niederschlagsreiche kühle Sommer ertragen. Die Durchschnittstemperatur sank gegenüber dem Mittelalter um 1–2 °C. Die Menschen verbrauchten fortan Unmengen Brennholz, so dass mit der Zeit die Wälder fast völlig verschwanden. Das wurde erst besser, als dank technischer Verbesserungen Kohle in größerem Maße für die Haushalte verfügbar wurde; erst jetzt konnte die Forstwirtschaft mit einer „nachhaltigen" Wirtschaftsweise beginnen, die Wälder wieder aufzubauen. Besonders kalt war es zwischen 1570 und 1630 sowie zwischen 1675 und 1715. In dieser Zeit froren im Winter etwa die Themse und die holländischen Kanäle weitgehend zu, was zahlreiche Winterbilder aus jener Zeit bezeugen. Die Alpengletscher wuchsen stärker als je zuvor seit der Eiszeit und zerstörten sogar Dörfer und Gehöfte. Und in China brach nach Missernten 1644 die Ming-Dynastie zusammen. Wegen fortgesetzter Missernten flo-

hen über 100 000 protestantische Schotten in den Norden
Irlands; die Folgen dieser Auswanderung spüren wir noch
heute. Und eine durch Unwetter zerstörte Ernte 1788 in
Frankreich, gefolgt von einem strengen Winter, war Mitursache
der Französischen Revolution. Selbst die damals besonders
häufigen Hexenverbrennungen werden auf soziale Spannungen
aufgrund der schlechten ökonomischen Situation zurückge-
führt.

Man nennt diese rund 500 Jahre anhaltende Kälteperiode die
„Kleine Eiszeit". Ursache war vermutlich eine verminderte Sonnenaktivität, denn auffälligerweise wurden in dieser Zeit, und
besonders in den kältesten Perioden, auch kaum Sonnenflecken
beobachtet. Vielleicht hatte sich auch der Golfstrom, die
Warmwasserheizung Europas, abgeschwächt. Und bisweilen
verschlechterten große Vulkanausbrüche die Situation noch.
Erst um 1850 ging die Kleine Eiszeit zu Ende; seither steigen
die Temperaturen, und auch die Zahl der Sonnenflecken hat
besonders im 20. Jahrhundert kräftig zugelegt. Zurzeit ist die
Sonne aktiv wie seit 8000 Jahren nicht mehr.

### Warmes Christkind

Welche Rätsel das Weltklima noch birgt, zeigt das El-Niño-Phä-
nomen. Das ist eine seit vielen Jahrhunderten in unregelmäßigem
Rhythmus alle 3–8 Jahre auftretende Erwärmung des Meeres vor
der peruanischen Küste. Weil dies meist um die Weihnachtszeit
(im Sommer der Südhalbkugel) auftritt, wurde es nach dem
Christkind – spanisch el Niño – benannt. Weil dann dort das
Plankton ausbleibt, gehen die Fischfänge massiv zurück, und
zahlreiche Seevögel und andere Tiere sterben. El Niño tritt

73

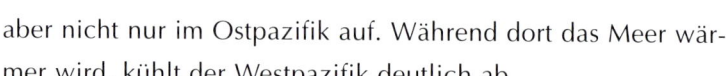

aber nicht nur im Ostpazifik auf. Während dort das Meer wärmer wird, kühlt der Westpazifik deutlich ab.

Das El Niño-Phänomen hat weit reichende Auswirkungen auf etwa drei Viertel der Erdoberfläche. An der amerikanischen Westküste bringt es kräftige Regenfälle und Überschwemmungen. Im Atlantik nehmen die Hurrikane zu, während der Amazonas-Regenwald unter Trockenheit leidet. Auch Südostasien und Australien erleben dann Dürreperioden mit Missernten und Buschfeuern.

Bisher ist nicht wirklich bekannt, wodurch diese Schwankung in Luftdruck und Meerestemperaturen zustande kommen, wenn man es auch zum Teil aus bestimmten Anzeichen voraussagen kann. Das gleiche gilt für ein Gegenstück, genannt La Niña (kleines Mädchen), bei dem es vor Peru besonders kalt und trocken wird.

Das El Niño-Phänomen hat, wie man heute weiß, vielfach Spuren in der Weltgeschichte hinterlassen. So hängen damit unter anderem die besonders kalten Winter zusammen, die Napoleon und Hitler in Russland stoppten, denn El Niño beeinflusst auch die Wind- und Temperaturschwankungen im Nordatlantik, die das europäische Wetter prägen.

### Der Treibhauseffekt und die Treibhausgase

All die Wärme- und Kältephasen früherer Jahrhunderte und Jahrtausende haben natürliche Ursachen. Diese Ursachen, die natürlich immer noch wirken, können wir nicht beeinflussen – weder steht es in unserer Macht, die Aktivität der Sonne zu steuern noch die Bewegungen der Erde oder die Tätigkeit der Vulkane. In den letzten Jahrzehnten macht sich aber zunehmend ein weiterer Einfluss bemerkbar: der Mensch. Oder genauer: unser übermäßiger Verbrauch von Kohle, Erdöl und Erdgas.

Beim Verbrennen dieser Stoffe nämlich wird als normales Produkt das Gas Kohlendioxid frei, das sich zunehmend in der Lufthülle anreichert und den sogenannten Treibhauseffekt verstärkt.

Der natürliche Treibhauseffekt ist für das irdische Leben außerordentlich wichtig, denn ohne ihn läge die irdische Durchschnittstemperatur um etwa 33 °C niedriger, nämlich bei lebensfeindlichen –18 °C. Ursache sind bestimmte Gase in der Lufthülle, vor allem Wasserdampf und Kohlendioxid. Diese „Treibhausgase" nehmen einen Teil der von der Erdoberfläche reflektierten Wärmestrahlung auf, heizen sich dadurch auf und strahlen nun ihrerseits Wärme zur Erde. Sie behindern also den vollständigen Abfluss der eingestrahlten Sonnenwärme ins Weltall. Praktisch wirken sie daher wie eine Zusatzheizung. Die Bezeichnung Treibhauseffekt ist übrigens schlecht gewählt. Zwar ist es in sonnenbeschienenen Treibhäusern wärmer als außerhalb, aber hier spielen andere Ursachen eine Rolle.

Seit Jahrzehnten steigt wegen der menschlichen Aktivität der Anteil an Kohlendioxid langsam an. Zahllose Heizungen, Fabrikschornsteine und nicht zuletzt 800 Millionen Autos pusten gigantische Mengen davon in die Luft. Dazu kommen gewaltige Mengen etwa durch Brandrodung der tropischen Regenwälder. Dort werden jedes Jahr riesige Flächen abgebrannt. Vor allem dienen die freien Flächen dem Anbau von Soja, also Viehfutter für die 1,5 Milliarden Rinder und eine Milliarde Schweine weltweit. Auch unsere Gier nach Fleisch trägt also kräftig zur Klimaveränderung bei. Außerdem entstehen dort

75

Plantagen zur Gewinnung von Palmöl, das zunehmend als Treibstoff verwendet wird.

Auch weitere vom Menschen produzierte Treibhausgase wie etwa Methan und Lachgas (Distickstoffoxid) sowie die als Spraydosentreibgase verwendeten Fluorchlorkohlenwasserstoffe reichern sich in der Luft an. Ihre Mengen sind zwar vergleichsweise klein, aber ihre Wirkung pro Molekül ist um ein Vielfaches stärker als etwa beim Kohlendioxid – beim Methan ist sie 25-fach, beim Lachgas fast 300-mal und bei einigen Treibgasen sogar über 14 000-mal so groß.

**Wie macht sich der Klimawandel bemerkbar?**

Die Durchschnittstemperatur der Erde steigt seit Jahren an. Im letzten Jahrhundert ist die Erde insgesamt 0,74 °C wärmer geworden. Das klingt nicht nach viel, aber immerhin haben ein bis zwei Grad Rückgang gereicht, um die Kleine Eiszeit auszulösen. Der Temperaturanstieg verlief allerdings nicht gleichmäßig: Zwischen 1940 und 1975 hat es eine deutliche Abkühlung gege-

ben, so dass viele Forscher sogar schon eine neue Eiszeit herauf-
ziehen sahen. Die Ursache liegt vermutlich in der Sonne.

Bisher besteht keine Einigkeit, in welchem Maße die Erwärmung
auf die Kohlendioxid-Zunahme oder auf andere Ursachen zurück-
zuführen ist. Im Augenblick schätzt man den Einfluss der aktiven
Sonne auf rund 30 Prozent.

Wie die Entwicklung weitergeht, ist unsicher. Die Klimaforscher
haben aufgrund von Computermodellen des Erdklimas eine Reihe von Szenarien ausgerechnet. Danach würden sich die Temperaturen bis 2100 um 1,8 bis 4 °C erhöhen. Wenn der Kohlendio-
xid-Ausstoß, also die Verbrennung fossiler Energieträger wie
Kohle und Erdöl, nicht gebremst wird, könne es auch noch wärmer werden.

Allerdings sind noch längst nicht alle wirksamen Faktoren des
Erdklimas und die Größe ihres Einflusses bekannt, daher sind solche Szenarien reichlich unsicher. Zudem scheint sich in jüngster
Zeit die Aktivität der Sonne abzuschwächen, was den Temperaturanstieg etwas bremst und der Menschheit vielleicht etwas
mehr Zeit zur Anpassung gibt.

Die Folgen einer solch starken Temperatursteigerung allerdings
dürften so oder so unübersehbar sein. So wird etwa das Meereis
im Nordpolarmeer zurückgehen und die grönländischen Gletscher werden rascher abschmelzen. Weltweit steigt nach den
Prognosen des Weltklimarates der Meeresspiegel, teils durch das
Wasser der geschmolzenen Gebirgsgletscher, teils durch die normale Ausdehnung des Wassers beim Erwärmen. Schon im 20.
Jahrhundert stieg der Meeresspiegel um etwa 18 cm, bis 2100
könnte es mehr als ein halber Meter werden. Das macht niedrig
gelegene Küstenstriche wie im Bereich von Bangladesch oder

Inseln wie die Malediven anfälliger für Überflutungen und letztlich unbewohnbar.

Weil sich die Wind- und Meeresströmungen verändern, würde es in bestimmten Gebieten häufiger Dürren geben, in anderen würde das Klima feuchter werden. Bedenkt man die gravierenden Auswirkungen, die schon die vergleichsweise geringen Schwankungen durch den El-Niño-Effekt haben, kann man sich die Folgen einer drastischen Temperaturerhöhung ausmalen. Sie würden voraussichtlich besonders die Bewohner ärmerer Länder treffen.

Auch die Tiere und Pflanzen würden reagieren. Viele Arten könnten in andere Gebiete wandern oder sogar ihren Lebensraum ausdehnen, aber nicht alle haben diese Möglichkeiten. Viele Korallenarten etwa vertragen nicht einmal einen geringen Anstieg der Wassertemperaturen und sterben ab – was bereits jetzt weltweit zu beobachten ist.

Die Klima- und Vegetationszonen würden sich zu den Polen hin verschieben. Dadurch fielen weite Landwirtschaftsflächen wegen Trockenheit für den Anbau aus. In anderen Gebieten im Norden dagegen könnten dann auch Wärme liebende Nutzpflanzen wachsen. Viele angestammte Arten wie die Fichte würden in höhere und nördlichere Regionen zurückgedrängt. Problematisch allerdings wäre die Erwärmung für die Gebiete mit Dauerfrostböden, etwa Alaska und Sibirien. Sie nehmen immerhin ein Viertel der Landflächen nördlich des Äquators ein. Die Wärme ließe sie tauen und damit weich und schlammig werden – eine Gefahr für die dort existierenden Städte, Straßen, Bahnlinien und Pipelines. Noch schlimmer: Aus den sumpfigen Böden stiegen gewaltige Mengen Methan auf – dieses Treibhausgas würde die Erderwärmung zusätzlich beschleunigen.

In Deutschland wäre dann ein Klima ähnlich wie jetzt am Mittelmeer zu erwarten: Milde, niederschlagsreiche Winter und heiße, trockene Sommer mit gelegentlichen Starkregenfällen. Das hätte Vor- und Nachteile: Der Ostseeraum würde wärmer, was den dortigen Tourismus fördert, dafür allerdings fallen Skiwinter in den Alpen immer häufiger aus. Wenn die Gletscher wegtauen, verschwindet auch die Wasserlieferung durch ihr Schmelzwasser, was örtlich Probleme bereiten würde. Wissenschaftler rechnen damit – und es gibt schon erste Anzeichen – dass sich bei weiterer Klimaerwärmung Krankheitserreger tragende Organismen wie verschiedene Zecken stärker vermehren. Die Malaria allerdings würde sich, anders als mitunter zu lesen, bei uns kaum stärker ausbreiten – sie war selbst im kühlen 19. Jahrhundert hierzulande heimisch und wurde damals schon durch Hygiene besiegt. Von Vorteil wären milde Winter für die Heizkosten – sie würden Unmengen an Energie sparen helfen. Strenge Winter dagegen dürften angesichts der hohen Energiepreise zahllose Haushalte ruinieren.
Angesichts solcher möglichen Folgen haben daher mehrere Staaten Abkommen getroffen, um ihren Ausstoß an Treibhausgasen zu reduzieren. Am bekanntesten ist das 2005 in Kraft getretene Kyoto-Protokoll, benannt nach dem Tagungsort in Japan. Allerdings sind gerade einige der jetzigen und künftigen Hauptenergieverbraucher, darunter die USA, China und Indien, diesem Abkommen noch nicht beigetreten.

### Können wir den Klimawandel verhindern?

Zurzeit leben auf der Erde 6,7 Milliarden Menschen. Im Jahr 2030 werden es Schätzungen zufolge mindestens 8,2 Milliar-

den sein. Sie alle brauchen zum Leben und Arbeiten Energie.
Zudem gibt es einen gewaltigen Nachholbedarf. Zurzeit verbrauchen die Industriestaaten mit etwa 23 Prozent aller
Menschen etwa 58 Prozent der Energie. Andererseits haben
mehr als 2 Milliarden Menschen nicht einmal Zugang zu elek-
trischem Strom. Länder wie China, Indien und Brasilien mit
ihrer riesigen Bevölkerung sind auf dem Sprung: Sie wollen,
was man ihnen nicht verdenken kann, in der Lebensqualität zu
den Industriestaaten aufschließen. Das aber erfordert gigantische Mengen an zusätzlicher Energie. Alleine Chinas Energieverbrauch steigt alle drei Jahre um mehr, als Japan insgesamt
verbraucht.

Derzeit steigt der weltweite Energiekonsum daher um jährlich
3 Prozent. Bis 2050 wird er sich verdoppelt, wenn nicht ver-
dreifacht haben. Auch wenn bis dahin erneuerbare Energien
oder Kernkraft ein Teil der fossilen Brennstoffe ersetzt haben
sollten, würde der Ausstoß an Kohlendioxid bestenfalls weniger
ansteigen, aber nicht zurückgehen. Immerhin wären die Folgen
bei einer Temperaturerhöhung von 2 °C erheblich erträglicher
als bei 4 oder 6 °C Anstieg.

Wie es aussieht, ist der Klimawandel vorerst nicht zu verhin-
dern. Wir müssen daher versuchen, uns an die veränderten
Bedingungen anzupassen – etwa durch Umsteuerungen in der
Landwirtschaft und Maßnahmen gegen Trockenperioden und
Hochwasser. Und natürlich sollten wir alles daran setzen, den
Ausstoß an Treibhausgasen zu vermindern – vor allem durch
Einsparen von Energie und zunehmenden Ersatz fossiler Brenn-
stoffe durch erneuerbare Energiequellen. Das geht natürlich
nicht so rasch – die gewaltige Energiewirtschaft eines Industrie-
landes mit ihren Transportkapazitäten, Raffinerien, Kraftwerken,

Lager- und Verteilungsorganisationen lässt sich nicht binnen
weniger Jahre völlig umbauen. Aber es hätte nicht nur positive
Folgen fürs Klima, sondern käme auf Dauer auch billiger – und
es würde die Abhängigkeit von politisch unzuverlässigen
Lieferanten mindern.

*Wie es aussieht, ist der Klimawandel nicht zu verhindern. Wir müssen daher
versuchen, uns an die veränderten Bedingungen anzupassen.*

*Die Energie kann als Ursache für alle Veränderungen in der Welt angesehen werden.*

**Werner Heisenberg**

# Ohne Energie kein Leben

Energie ist eines der wichtigsten Stichworte in Bezug auf den
Klimawandel. Doch was ist eigentlich Energie, woher kommt sie
zurzeit, und woher könnte sie in Zukunft kommen?

Leben braucht Energie. Keine Pflanze, kein Tier kann ohne
Energie auskommen. Sie ist zwar unsichtbar, aber man erkennt
ihre Wirkungen: Dass wir uns bewegen können, dass wir wachsen, dass unser Körper warm ist – all die Lebensvorgänge verdan-
ken wir der Energie, und ähnlich geht es auch allen Pflanzen
und Tieren.

Auch in der Natur treffen wir ständig auf die Wirkungen von
Energie: Licht und Wärme der Sonne, das Fallen des Regens, das
Wehen des Windes, das Brennen des Feuers, das Rauschen eines
Wasserfalls, das Zucken eines Blitzes. Es ist auch Energie, der die
kleinsten Teilchen aller Stoffe, die Atome und Moleküle, sich verbinden und zusammenhalten lässt, was unsere Welt überhaupt
erst existieren lässt.

Auch die menschliche Technik kommt nicht ohne Energie aus:
Der elektrische Strom zum Beispiel ist eine Form von Energie,
die in Treibstoffen steckende Energie bewegt Autos, Züge, Schiffe
und Flugzeuge, Energie aus Öl, Kohle oder Erdgas heizt unsere
Häuser. Energie ist die Voraussetzung für unser Leben, für Fortbe-
wegung und Fortschritt. „Mit Energie können wir alles bewerk-
stelligen", drückte es der britische Umweltexperte Euan G.
Nisbet aus, „ohne sind wir nur eine Art große Schimpansen".

### Energielieferant Sonne

Doch weder Mensch noch Tier noch Pflanze können Energie
erzeugen. Sie alle wandeln letztlich nur eine Form von Energie
in andere um. Die grünen Pflanzen etwa nehmen Sonnenlicht

auf und formen daraus sowie aus Wasser und dem Gas, Kohlendioxid aus der Luft Zucker, Fette und andere Stoffe, in denen die aufgenommene Energie gebunden ist.

Wenn wir zum Beispiel ein Brot essen, nehmen wir solche energiereichen Stoffe auf, die aus der Getreidepflanze stammen. Unser Körper kann diese chemisch gebundene Energie freisetzen und damit etwa andere Stoffe herstellen, die er für sein Wachstum braucht, und er nutzt die Energie, um sich zu bewegen und Körperwärme zu erzeugen. Fast all unsere Nahrungsmittel enthalten solche energiereichen Stoffe. Bei pflanzlichen Nahrungsmitteln stammen sie direkt aus der Pflanze, bei tierischen Nahrungsmitteln (etwa Fleisch, Fett, Milch) hat zuvor ein Tier energiereiche Pflanzennahrung gefressen, und wir essen nun die von ihm umgewandelten Stoffe. Letztlich stammt also all die Energie, dank der wir leben und uns bewegen können, aus der Sonne. Sie ist die weitaus größte und stärkste Energiequelle in unserer Nachbarschaft.

### Sonnenenergie in der Technik

Auch die Energiequellen, die unsere Technik nutzt, basieren weitgehend auf Sonnenenergie. Kohle, Erdöl und Erdgas enthalten Sonnenenergie, die vor Jahrmillionen auf die Erde gestrahlt wurde. Sehr viel jünger ist die Sonnenenergie, die im Brennstoff Holz steckt; sie ist höchstens so alt wie der Baum, der das Holz lieferte. Und Wind- und Wasserkraft sind noch jüngere Formen von Sonnenenergie, denn die Sonnenwärme lässt die Winde wehen und hebt das Wasser aus den Ozeanen empor, so dass es etwa Stauseen füllen kann, mit deren Hilfe man dann nutzbare Energie in Form elektrischen Stroms gewinnt.

85

Die einzigen zurzeit genutzten Energiequellen, die nicht auf der
Sonne fußen, sind die Erdwärme und die Kernkraft. Die Kern-
kraftwerke nutzen die Energie bestimmter Atome, die bei deren
Zerfall frei wird. Diese Atome, etwa vom Uran, entstanden vor
Jahrmilliarden bei gigantischen Sternexplosionen und stecken
nun im Baumaterial der Erde. Auch die Erdwärme stammt zum
Teil aus solchen natürlichen Atomzerfällen, teils ist sie eine
Erinnerung an die turbulenten Zeiten der Erdentstehung.

### Strom, Bewegung und Wärme

Der Mensch hat viele Möglichkeiten erfunden, Energie aus einer
Form in eine jeweils passende andere Form umzuwandeln. Ein
Lagerfeuer etwa verwandelt die chemische Energie des Holzes in
Wärmeenergie. Eine Dampfmaschine erzeugt aus der chemischen
Energie in der Kohle zunächst Wärmeenergie, verdampft damit
Wasser und wandelt dann diese Wärmeenergie in Kraft um, die
Bewegung erzeugt – etwa einen Stromerzeuger dreht oder eine
Lokomotive vorwärts treibt. Ein Automotor setzt die chemische
Energie des Benzins in Kraft um, die es antreibt. Gasofen und
Ölheizung setzen die chemische Energie des Brennstoffs direkt in
Wärmeenergie um. Eine Chemiefabrik nutzt Energie, um nütz-
liche Dinge wie etwa Kunst-, Farb- und Arzneistoffe herzustellen.
Ein Wasserkraftwerk nutzt die Bewegungsenergie des fallenden
Wassers und verwandelt sie in elektrischen Strom.
Überhaupt ist elektrischer Strom eine besonders nützliche Form
von Energie, denn er lässt sich leicht (durch Drahtleitungen)
transportieren und an Ort und Stelle dann in Wärme (etwa im
Küchenherd oder Fön), Bewegung (etwa in Bohrmaschine oder
Staubsauger), Licht (in der Lampe) oder Schall (etwa Stereoanlage

oder Fernseher) umwandeln. Die Einführung des elektrischen Stroms hat die Lebensqualität und Sicherheit gegenüber früheren Zeiten deutlich erhöht. Freilich muss er erzeugt, also durch Umwandlung anderer Energieformen hergestellt werden.

Ohne all diese Energieformen sähe unser Leben ganz anders aus: Es wäre mühsamer, langweiliger und sicher auch kürzer. Das Problem ist nur, dass wir seit Jahrzehnten unseren Energiehunger vor allem aus Kohle, Erdöl und Erdgas stillen. Diese Energieträger sind relativ leicht verfügbar, haben aber zwei Nachteile: Sie sind nur in begrenzten Mengen vorhanden, und beim Verbrennen erzeugen sie ein Gas, dass sich in unserer Lufthülle anreichert und dort unangenehme Folgen verursacht. Zudem sind diese Bodenschätze zum Verbrennen auch viel zu schade, denn sie eignen sich auch als Grundstoffe zur Produktion zahlreicher nützlicher Dinge wie Farb- und Kunststoffe, Wasch- und Arzneimittel und vieles andere. Wenn wir all die irdischen Vorräte an diesen Stoffen binnen weniger Jahrzehnte verfeuern, bleibt zudem nachfolgenden Generationen nichts mehr übrig von diesen Schätzen der Erde. Der Grundsatz nachhaltigen Wirtschaftens aber gebietet, dass man dabei auch an die Bedürfnisse späterer Generationen und nicht nur an das hier und jetzt denkt.

## Unsere Energielieferanten

Angesichts der in absehbarer Zeit zur Neige gehenden fossilen Energielieferanten wie Kohle und besonders Erdöl sowie deren negativen Nebenwirkungen ist es sinnvoll, sich nach anderen Möglichkeiten umzusehen. Welche Energieträger nutzt der Mensch zurzeit, was sind ihre Vor- und Nachteile und was wären eventuell die Alternativen?

### Kohle

Die braunen oder schwarzen Brocken stellen einen der weltweit wichtigsten fossilen Energielieferanten dar, zumal sie in vielen Ländern vorkommen.

Verbrennt man Briketts oder Steinkohle, so heizt man im Grunde mit der Sonnenenergie früherer Erdzeitalter. Denn Kohle stammt von Pflanzen, die vor Jahrmillionen lebten. Vor 280–345 Millionen Jahren waren große Teile der Erde von Sumpfwäldern bedeckt. Tote Bäume fielen in den Schlamm und wurden dort luftdicht abgeschlossen. Nach und nach lagerten sich weitere Schichten über die Baumreste, und unter Druck und Wärme zersetzten sie sich langsam zu einer dunklen, festen, brennbaren Masse: Steinkohle. Sie besteht vor allem aus schwarzem Kohlenstoff, ausserdem aus Tausenden von chemischen Stoffen. Bei Erwärmung verlassen sie die Kohle als Gas. In Tiefen bis über 1000 m bildet die Steinkohle flache Bänder, die Flöze, die zwischen normalem Gestein liegen und bergmännisch herausgehauen werden.

Einfacher ist die Gewinnung der Braunkohle. Sie ist weit jünger – deutsche Braunkohle ungefähr 20 Millionen Jahre, woanders bis 100 Millionen Jahre. Sie liegt daher nahe der Erdoberfläche und kann mit riesigen Baggern im Tagebau gewonnen werden. Braunkohle besitzt weniger Heizwert als Steinkohle, entflammt aber auch leichter.

Meist wird mit der Kohle Wasser erhitzt und Heißdampf gewonnen, der dann Turbinen zur Stromerzeugung treibt. Ein Großteil der Kohle dient auch zur Gewinnung von Eisen aus Eisenerz. Es gibt auch Verfahren zur Gewinnung von Benzin und Öl aus Kohle (Kohleverflüssigung), die aber zurzeit kaum wirtschaftlich sind.

Bei der Kohleverbrennung wird unvermeidbar viel Kohlendioxid freigesetzt, es ist ein normales Verbrennungsprodukt und lässt sich bisher auch nicht wirtschaftlich abtrennen. Man kann bei Kohlenkraftwerken nur den Wirkungsgrad erhöhen. Moderne Kohlekraftwerke arbeiten deutlich wirtschaftlicher und weniger umweltschädigend als ältere, die freilich billiger sind und in vielen Ländern noch eingesetzt werden. Allein in China wird alle zwei Tage ein neues Kohlekraftwerk in Betrieb genommen, während in Deutschland die letzten noch existierenden Steinkohle-Bergwerke demnächst geschlossen werden sollen. Braunkohle wird hierzulande allerdings noch in großen Mengen in riesigen Tagebauen gewonnen und zur Stromerzeugung verwendet.

Bei dem jetzigen Verbrauch reichen die Kohlevorräte der Erde noch mehrere hundert Jahre. Es könnte sein, dass eine Renaissance der Kohle bevorsteht, wenn es gelingt, das entstehende Kohlendioxid abzutrennen und zu entsorgen. Allerdings sinken dadurch Wirtschaftlichkeit und Energieeffizienz der Kraftwerke.

### Erdöl

Erdöl wird als natürlich vorkommendes Stoffgemisch schon seit Jahrtausenden von Menschen genutzt, etwa zum Abdichten von Bauwerken und Schiffen. Schon die Babylonier belegten auch Straßen mit einer Schicht aus Asphalt, also an der Luft verändertem Erdöl. Ende des 19. Jahrhunderts begann aber eine intensivere Nutzung als Lampenbrennstoff, und erst im 20. Jahrhundert begann man, es in gewaltigen Mengen als Heizmaterial und Rohstoff zur Herstellung von Benzin und zahlreichen Grundchemikalien, etwa für die Kunststoffproduktion, aus der Erde zu pumpen. Es verdrängte rasch die Kohle, weil es viel einfacher zu gewinnen und zu nutzen ist. Zurzeit ist es der weltweit wichtigste Industrierohstoff und Energieträger. Entsprechend groß sind Verbrauch und Nachfrage. Allein 2006 verbrauchte die Menschheit 3,9 Milliarden Tonnen. Und weil der Verbrauch immer noch stark steigt – nicht zuletzt durch Schwellenländer wie China und Indien – steigen auch die Preise seit Jahren und werden es weiter tun.

Entstanden ist das Erdöl im Laufe von Jahrmillionen aus den Körpern von Abermilliarden winziger Meerestierchen. Nach ihrem Tod sanken sie langsam hinunter auf den Grund. Normalerweise zersetzen Bakterien mit Hilfe von Sauerstoff ihre Körpersubstanz und führen sie zurück in den Kreislauf des Lebens. Doch unter bestimmten Umständen und wenn im Wasser Sauerstoff fehlte, wurde ein Teil im Schlick eingeschlossen. So bildete sich schwarzer Faulschlamm.

Immer neue Massen von Schlick und Sand deckten im Laufe der Zeit diesen Faulschlamm zu. Unter dem Druck und der Wärme der Tiefe zerfielen die Reste der Lebewesen. Chemische Reak-

tionen liefen ab, und es bildeten sich tröpfchenweise Erdöl und
Erdgas, die in den Spalten und Poren des Gesteins langsam nach
oben sickerten – bis eine undurchlässige Gesteinsschicht ihnen
den weiteren Weg versperrte. Dort sammelten sie sich in den
Gesteinsporen wie in einem Schwamm. Im Laufe der Zeit bildeten sich so riesige Lagerstätten von vielen Milliarden Tonnen,
die wir heute anbohren.

Freilich ist ein Ende absehbar: Die leicht zu erschließenden Erd-
ölreserven der Erde werden in einigen Jahrzehnten erschöpft
sein. Ölsande und andere Quellen allerdings reichen noch deutlich länger, freilich erzeugt ihr Abbau Umweltschäden und ist
teurer, aber angesichts der steigenden Ölpreise bald wirtschaftlich lohnend. Zudem entsteht bei der Verbrennung von Ölpro-
dukten notwendigerweise Kohlendioxid.

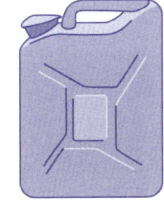

### Erdgas

Dieses brennbare, ungiftige und farblose Gas kommt an vielen
Stellen in der Natur vor, oft gemeinsam mit Erdöl. Es bildete sich
ähnlich wie dieses vor Jahrmillionen aus abgestorbenen marinen
Kleinstlebewesen. Hauptbestandteil ist der Kohlenwasserstoff
Methan (Sumpfgas). Das Gas wird durch Bohrungen gewonnen,
gereinigt und in langen Rohrleitungen zum Verbraucher gepumpt
oder unter Druck verflüssigt und mit Spezialschiffen transportiert.
Ein Großteil dient zum Heizen, zur Stromerzeugung in Gastur-
binenkraftwerken und in der Chemieindustrie als Rohstoff zur
Herstellung chemischer Produkte. Zunehmend setzt man es auch
als Autotreibstoff ein. Es verbrennt etwas sauberer als etwa Kohle
und Erdöl, aber die Verwendung ist trotzdem problematisch, weil
Methan ein noch weit wirksameres Treibhausgas ist als Kohlen-

dioxid und beim Fördern und Transportieren teilweise entweicht. Die bekannten Erdgasreserven reichen noch über 60 Jahre, allerdings ist die Abschätzung der Vorräte schwierig.

Das in Deutschland verwendete Erdgas kommt großteils per Pipelines aus Russland (etwa ein Drittel), Norwegen und den Niederlanden, ein Fünftel wird in Norddeutschland gefördert. Ab 2011 soll eine Pipeline durch die Ostsee russisches Erdgas direkt nach Deutschland liefern; sie kann etwa die Hälfte des jetzigen Verbrauchs transportieren. Wie sich die Erdgaspreise stellen, ist ungewiss – zum einen, weil China und andere Staaten ihren gewaltigen Energiehunger auch Erdgas stillen möchten und weil zudem Russland als Großlieferant auf Dauer vermutlich die Preise diktieren kann.

## Biomasse

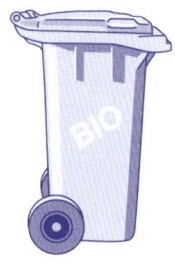

Dieser Begriff bezeichnet zunächst alle von Pflanzen oder Tieren hergestellten Stoffe. Deren Gesamtmenge ist mit fast 200 Milliarden Tonnen pro Jahr gewaltig. Zur Energiegewinnung allerdings kommen nur pflanzliche Materialien in Frage. Sie werden von den grünen Pflanzen mithilfe des Sonnenlichts erzeugt, stellen also eine Form der Sonnenenergienutzung dar. Vorteil ist außerdem, dass sie kohlendioxidneutral entstehen, weil beim Verbrennen nur das zuvor von den Pflanzen aufgenommene Kohlendioxid frei wird. Freilich ist die Biomasse-Energie umstritten, wenn der Anbau der Pflanzen die Nahrungsmittelproduktion einschränkt, Regenwaldflächen in den Tropen vernichtet oder speziell angebaute Pflanzen gigantische Mengen Dünger und Wasser verbrauchen. Seit alters her sind die Biomassen-Stoffe Holz, Dung und Stroh als Brennmaterial in Gebrauch.

92

Heute wird vielfach Biomasse gezielt zur Energiegewinnung angebaut. Zunehmend etwa setzen sich in Häusern und öffentlichen
Gebäuden Heizungsanlagen durch, die Holz verbrennen – etwa
zu Pellets gepresste Holzabfälle oder Hackschnitzel. Sie sind
zwar teurer, dafür ist allerdings der Brennstoffpreis niedriger. In
Brasilien wird Alkohol aus Zuckerrohr hergestellt.
Auch Pflanzenöle, etwa Palmöl, eignen sich als Brennstoff.
In Deutschland wird zunehmend Raps zur Herstellung von Bio-
diesel angebaut. Kritiker bemängeln jedoch, dass oftmals gigantische Flächen Wald gerodet werden, nur um Pflanzen zur Energiegewinnung anzupflanzen. Weil in einigen Ländern Treibstoffe
auch aus Nahrungsmitteln erzeugt werden, steigen deren Preise,
was zu Hunger bei ärmeren Familien führt.
Es gibt aber auch Verfahren, um Treibstoffe und Biogas aus Pflan-
zenabfällen (Stroh usw.) zu erzeugen, und solche Verfahren werden in Zukunft sicher häufiger eingesetzt werden. Denn Biomasse gehört zu den regenerativen Energien – sie wächst immer wieder nach.

### Wasserkraft

Fließendes Wasser, das ist seit vielen Jahrhunderten bekannt,
kann Räder antreiben und Energie liefern. Früher drehten die
Wasserräder Mühlen und Sägewerke, heute liefern die Wasser-
kraftwerke vor allem elektrischen Strom.
Es gibt verschiedene Formen. Speicherkraftwerke nutzen das in
Stauseen gespeicherte Wasser, Laufwasserkraftwerke dagegen
liegen an strömenden Flüssen, die am Kraftwerk nur um einige
Meter angestaut werden. Das macht im Betrieb einen großen
Unterschied: Laufwasserkraftwerke erzeugen praktisch rund um

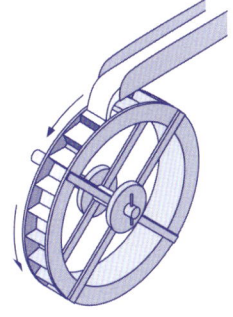

93

die Uhr Strom, während man Speicherkraftwerke leicht an- und abschalten kann; sie sind daher für die Stromerzeugung in Spitzenverbrauchszeiten ideal.

In jedem Fall strömt das Wasser durch eine Turbine und versetzt sie in Drehung. An die Turbine ist ein Generator angekoppelt, der die Drehbewegung in elektrischen Strom umsetzt. Die meisten unserer Wasserkraftwerke sind Laufwasserkraftwerke, etwa an Rhein, Donau, Inn, Neckar und Mosel. Das größte Speicherkraftwerk in Deutschland ist das Walchenseekraftwerk in Bayern; es hat eine Leistung von 72 000 Kilowatt – wenig im Vergleich zu den weltgrößten Wasserkraftwerken, die über 10 Millionen Kilowatt Leistung bringen. Insgesamt stammt rund 18 Prozent des weltweit erzeugten Stroms aus Wasserkraft.

In Europa lassen sich kaum mehr große Wasserkraftwerke errichten. Zudem könnte es in Zukunft Probleme geben, wenn wie vorausgesagt die Menge der sommerlichen Niederschläge in Europa abnimmt und die Flüsse Niedrigwasser führen. Aber in vielen Ländern wird diese zuverlässige Energiequelle kräftig ausgebaut. Die Stauseen allerdings verschlingen große Bereiche der Landschaft und sorgen bisweilen für massive Umweltprobleme. Immerhin zählt Wasserkraft zu den regenerativen Energien: Sie ist im Grunde eine Form von Sonnenenergie, denn Sonnenwärme hebt das Wasser als Dampf empor, so dass es beim Herabfallen Energie liefern kann.

## Windenergie

Früher baute man Windmühlen, deren Flügel der Wind drehte und nutzte die Kraft zum Mahlen von Korn oder Pumpen von Wasser zum Be- oder Entwässern des Landes. Heute erzeugen

Windanlagen elektrischen Strom. Ein Windkraftwerk besteht
meist aus einem Turm von etwa 50 bis über 100 m Höhe, an
dessen Spitze ein Generator zur Stromerzeugung, ein Getriebe
und ein meist dreiflügeliges Windrad von 20 bis 50 m Durchmesser installiert sind. Das Getriebe wandelt die relativ niedrige
Drehzahl des Propellers in hohe Drehzahlen für den Generator
um. Derzeitige Anlagen liefern bis über 6000 Kilowatt Leistung
und gelten als besonders umweltfreundlich, weil sie weder Kohle
noch Öl verbrauchen und keine Abgase erzeugen, sondern die
unerschöpfliche Windenergie nutzen. Oft werden sie an windrei-
chen Standorten ganze Gruppen („Windparks") davon gebaut.
Sie liefern bereits über 4 Prozent des europäischen Stroms, in
Deutschland 8 Prozent. In Zukunft sollen vor den Küsten noch
weit größere Anlagen entstehen (Offshore-Windparks) – allein
in der deutschen Nord- und Ostsee sind über 40 solcher Parks
geplant, und auch andere Länder ziehen mit. Und die Technik
schreitet weiter voran und macht die Windräder effizienter, zu-
verlässiger, leistungsstärker – und billiger. Schon in wenigen
Jahren dürfte Windstrom wirtschaftlich sein und mit der Zeit
vielleicht billiger als Strom aus anderen Quellen.
Windenergie gehört zu den erneuerbaren, also unerschöpflichen
Energiequellen, steht weltweit zur Verfügung, und die Anlagen
erzeugen im Betrieb keine Abgase. Allerdings verbrauchen natürlich die Windkraftanlagen selbst auch Rohstoffe und stellen Be-
einträchtigungen der Landschaft dar. Zudem können sie nur als
zusätzliche Energiequelle eingesetzt werden, weil der Wind zu
unregelmäßig weht und die Anlagen daher nur gelegentlich ihre
volle Leistung liefern. Zurzeit liefert der Wind in Deutschland,
das weltweit Windenergie-Spitzenreiter ist, rund 8 Prozent des
Strombedarfs. Dank der intensiven Förderung erreicht Windkraft

langsam das Stadium der Wirtschaftlichkeit. Richtig große Strommengen erwartet man aber erst von Offshore-Windparks, weil dort der Wind stärker und gleichmäßiger bläst und zudem die geeigneten Plätze an Land langsam knapp werden. Allerdings sind Anlagen im Meer weit teurer und auch in der Wartung kostenintensiver.

Der Wind eignet sich aber nicht nur zur Stromerzeugung. Schon von alters her trieb er auch Segelschiffe über die Ozeane, und neuerdings experimentiert man wieder mit Drachen, mit denen Frachter die Windkraft als Zusatzantrieb nutzen und so Treibstoff sparen können.

### Wärme aus der Sonne

Zwar nutzen Lebewesen die Sonnenwärme bereits seit Jahrmillionen, die technische Nutzung der Sonnenwärme, die Solarthermie, aber kam erst Ende des 19. Jahrhunderts auf und wird erst seit einigen Jahren in breiterem Umfang eingesetzt. An Wohnhäusern dienen Solarkollektoren zum Erwärmen von Wasser. Es sind im Grunde Schläuche oder Röhren auf dunklem Untergrund, durch die Wasser gepumpt wird. Die einstrahlende Sonne heizt es auf etwa 50 bis 80 °C auf. Das spart Öl oder Strom, der sonst zum Erwärmen des Wassers gebraucht würde.

Solarkraftwerke nutzen meist ölgefüllte Röhren in der Brennlinie großer rinnenförmiger Spiegel. Die konzentrierte Sonnenstrahlung heizt das Öl auf rund 400 °C auf, und damit wird wiederum Heißdampf für Turbinen erzeugt. Sonnenöfen bestehen aus riesigen Hohlspiegeln, die die Hitze auf einen Punkt konzentrieren und dort über 1000 °C erzeugen. Und Aufwindkraftwerke, die zurzeit aber noch in der Testphase sind, sam-

meln die einstrahlende Sonnenwärme unter einem großflächi-
gen durchsichtigen Dach und treiben mit der erhitzten und
deshalb aufsteigenden Luft einen Propeller, der wiederum den
Stromerzeuger dreht.

Eine Sonderform sind Solarteiche: Hier ist schweres Salzwasser
von Süßwasser überlagert. In der Sonne heizen sich die unteren
Schichten stark auf, können aber wegen der hohen Dichte des
Salzwassers nicht aufsteigen. Durch eingelegte Röhren führt man
die Wärme ab und treibt damit Turbinen, wobei die Wärme-
speicherfähigkeit des Salzlösung durchgehenden Betrieb ermöglicht. Solche Teiche sind wegen ihres hohen Flächenbedarfs vor
allem für Wüstengegenden geeignet.

Solche Solarkraftwerke könnten in Zukunft in sonnenreichen
Regionen wirtschaftlich sein, zumal sie ohne Brennstoff auskommen und im Betrieb keine Abgase erzeugen.

### Photovoltaik

Aus dem Sonnenlicht lässt sich direkt und ohne Umwege elektrischer Strom erzeugen – mithilfe von Solarzellen. Sie bestehen
aus dem auf der Erde sehr häufigen chemischen Element Silicium, dem Grundstoff von Sand und vielen Gesteinen. Allerdings
muss das Silicium zur Solarzellenherstellung sehr aufwendig
gereinigt werden, was es stark verteuert. Die Herstellung der
Zellen ist zudem mit großem Einsatz von Rohstoffen und gifti-
gen Chemikalien verbunden, zudem lässt die Leistungsfähigkeit
der Zellen mit der Zeit stark nach.

Herkömmliche Zellen nutzen zudem nur einen bestimmten
Spektralbereich des Sonnenlichts, und natürlich schwankt die
Energieerzeugung aufgrund des wechselnden Sonnenscheins

stark. Daher ist Photovoltaik im eher sonnenarmen Deutschland vorerst nicht annähernd konkurrenzfähig; nur dank der hohen Vergütung des so erzeugten Stroms wird sie überhaupt eingesetzt und liefert bisher nur einen winzigen Bruchteil von unter 1 Prozent des insgesamt erzeugten Stroms. Ein großer Anteil der verbauten Solarzellen kommt dabei aus Fernost. Immerhin lässt sich Strom auf herkömmliche Art für 3–8 Cent pro Kilowattstunde erzeugen, während Solarstrom rund das Zehnfache kostet. Man hofft aber, durch verbesserte und billigere Zellen in Zukunft große, sowieso vorhandene Flächen (etwa Dächer und Fassaden, eventuell sogar Fenster) zur Stromerzeugung nutzen zu können, so dass die Photovoltaik etwa ab 2100 einen deutlichen Anteil von rund 25 Prozent der gesamten Energieversorgung haben könnte. Mehr wäre gar nicht sinnvoll wegen der nicht ständigen Verfügbarkeit dieser Energiequelle. In sonnenreicheren Ländern, etwa China, Australien oder Indien, ist das Potential der Photovoltaik viel größer, und der Strom lässt sich zum halben Preis erzeugen. Hier ließen sich auch sogenannte Konzentratorzellen einsetzen, die das Sonnenlicht mit optischen Mitteln konzentrieren und dadurch etwa 800-mal so viel Strom produzieren wie herkömmliche Zellen. Zudem ist die dezentrale Stromversorgung sowieso besser, wenn man keine großen Stromnetze besitzt.

### Geothermie

Nicht immer muss erneuerbare Energie von der Sonne kommen – auch unter unseren Füßen liegt eine gewaltige Menge Energie: die Erdwärme. Sie stammt zum Teil noch von der Entstehung der Erde her, zum Teil aus dem Zerfall radioaktiver Stoffe im Erdkörper. Allein der Energievorrat der ersten 3 km der Tiefe könnte theoretisch die Menschheit beim heutigen Verbrauch rund 100 000 Jahre versorgen. Zudem ist Erdwärme anders als Wind und Sonne rund um die Uhr verfügbar.

Es gibt verschiedene Arten, die Erdwärme zu nutzen. In manchen vulkanischen Gebieten (etwa in Island, in Italien und in Neuseeland) strömt heißer Dampf aus dem Boden, den man auffangen und zum Antrieb von Turbinen oder zum Heizen von Häusern nutzen kann. Allerdings enthält der Dampf oft aggressive chemische Beimengungen, die abgetrennt werden müssen.

In Gebieten, wo die heißen Schichten tiefer liegen, erprobt man andere Möglichkeiten. Hier bohrt man zum Beispiel in einigem Abstand zwei Löcher in heißes Tiefengestein und pumpt in eines Wasser. Es läuft durch Gesteinsklüfte, heizt sich auf und wird aus dem anderen Loch wieder hoch gepumpt.

In kleinerem Maße nutzt man Erdwärme zunehmend zum Heizen von Häusern und Treibhäusern. Hier speist man die Erdwärme in elektrische Wärmepumpen und gewinnt so mit hohem Wirkungsgrad warmes Wasser zum Heizen.

### Kernkraft

Bestimmte schwere Atomkerne, etwa von den chemischen Elementen Uran, Plutonium und Thorium lassen sich durch Beschuss mit Neutronen (Atomkernbausteinen) spalten. Dabei entstehen neben zwei kleineren Atomkernen weitere Neutronen, die nach Abbremsen auf die richtige Geschwindigkeit weitere Atomkerne spalten können. Auf diese Art kann man einen sich selbst unterhaltenden Vorgang, eine Kettenreaktion, in Gang setzen. Die bei der Kernspaltung frei werdende Energie, die zuvor in den Atomkernen gebunden war, wird als Wärme frei

und kann etwa zur Dampferzeugung und damit zur Stromproduktion verwendet werden.

Kernkraftwerke erzeugen beim Betrieb kein Kohlendioxid. Zudem ist die Brennstoffversorgung relativ lange gesichert und
Uran kann aus politisch stabilen Ländern importiert werden.
Dennoch sind noch viele Fragen offen. Die Entsorgungsfrage
des Atommülls ist bis heute nicht geklärt und obwohl moderne
Kernkraftwerke vergleichsweise weit sicherer sind als etwa der
Unglücksreaktor von Tschernobyl, der 1986 aufgrund von Kon-
struktionsmängel und mehrerer schwerer Bedienungsfehler ex-
plodierte, steht die Terrorgefahr heute im Raum. Die heutigen
relativ sicheren Reaktoren der vierten Generation, so genannte
Hochtemperatur-Reaktoren (HTR), werden weltweit in großer
Zahl gebaut. In Deutschland wurde der Ausstieg aus der Kernenergienutzung im Jahr 2000 beschlossen.

Angesichts der explodierenden Energiepreise wird hierzulande
der bereits beschlossene Ausstieg aus der Kernenergienutzung
neu diskutiert. Für eine Übergangszeit auf dem Weg zum neuen
Energiezeitalter könnten die Kernkraftwerke eine Option sein.
Deutschland erzeugt rund 28 Prozent seines Stroms aus Kernkraft, Frankreich sogar 80 Prozent. In mehreren anderen Nationen wurde bereits Laufzeitverlängerungen beschlossen, und
zahlreiche neue Kernkraftwerke sind in Planung, mindestens
28 sogar bereits in Bau.

Allein China will bis 2030 seine Atomstrom-Leistung verzwan-
zigfachen; es ist derzeit das Land mit dem größten Atomstrom-
anstieg. Die Kraftwerke dort werden mit russischer Technik gebaut. Technologische Weiterentwicklungen laufen in Deutschland vor allem im Bereich der Erneuerbaren Energien. Sie sind

bereits so weit ausgereift, dass diese Technologien in andere
Länder exportiert werden können.

### Fusionskraftwerke

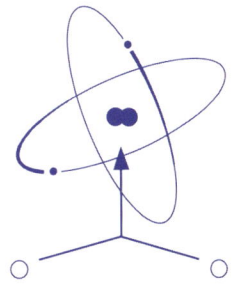

Die Sonne bezieht ihre Energie, mit der sie nun schon seit über
4 Milliarden Jahren die Erde versorgt, aus Atomkernen. Allerdings nicht durch den Zerfall schwerer Kerne wie Uran, sondern durch vereinigen leichter Kerne des chemischen Elements
Wasserstoff zu solchen des Elements Helium. Diese Kernfusion
hat man schon 1954 auch auf der Erde realisiert, nämlich in der
Wasserstoffbombe. Sehr viel schwieriger aber ist es, diesen Pro-
zess kontinuierlich und in so dosiertem Maße ablaufen zu lassen, dass man ihn als Energiequelle für ein Kraftwerk nutzen
kann. Seit einigen Jahrzehnten wird an diesem Problem ge-
forscht, aber bisher liegen funktionierende Kraftwerke noch in
ferner Zukunft. Die Lösung dieses Problems könnte die Menschheit von vielen Energiesorgen befreien, denn Fusionskraftwerke
gelten als vergleichsweise sicher, produzieren nur wenig und
zudem vergleichsweise kurzlebige Radioaktivität, keine klima-
schädlichen Abgase, und Brennstoff ist praktisch unbegrenzt
verfügbar: Immerhin könnte 1 Kilogramm Wasserstoff ebenso-
viel Energie wie 10 000 Tonnen Steinkohle liefern. Und was
auch wichtig ist: Sie könnten rund um die Uhr laufen, unabhängig von Wind und Sonnenschein. Aber auch hier sehen
Kritiker, ähnlich wie bei der Atomkraft, noch viele Probleme
und ungeklärte Fragen. Fusionskraftwerke würden trotz der vielen Vorzüge das Energieproblem nicht uneingeschränkt lösen.

## Klimafreundliche Energie

Eine funktionierende Energieversorgung eines hoch industriali-
sierten Landes muss eine ganze Reihe von Voraussetzungen erfüllen. Sie muss zuverlässig rund um die Uhr genügend Energie
zur Verfügung stellen, und das zu möglichst günstigen Preisen.
Auch sollte die Abhängigkeit von einzelnen Lieferländern nicht
zu groß sein. Und vor allem soll die Energie natürlich nachhal-
tig erzeugt werden, also ohne Beeinträchtigung zukünftiger Generationen. Keine der zurzeit verfügbaren Energiequellen erfüllt
diese Bedingungen, nur ein Mix kommt den Forderungen nahe.
Immerhin besteht grundsätzlich kein Energiemangel auf der Erde:
Die Sonne etwa strahlt pro Jahr eine solche Menge Licht und
Wärme ein, wie dem 15 000-fachen derzeitigen Energieverbrauch der Menschheit entspricht. Dazu addieren sich die geo-
thermischen Energievorräte. Das Problem ist nur, diese Energie
einzufangen.

Jedes Jahr, so hat es der Energieexperte Fritz Vahrenholt ausge-
drückt, verbrennt die Menschheit das Ergebnis von 500 000 Jahren Erdgeschichte. Höchste Zeit also, hier angesichts schwinden-
der Vorräte umzusteuern. Dennoch werden Erdöl, Erdgas und
Kohle voraussichtlich noch in einer Übergangzeit von einigen
Jahrzehnten eine Rolle spielen. Zwar steigen ihre Preise unauf-
haltsam, und zudem setzen sie Kohlendioxid frei. Aber es wird
gar nicht möglich sein, die Nutzung erneuerbare Energien in
nur wenigen Jahrzehnten so auszubauen, dass man auf diese
Energieträger völlig verzichten könnte. Moderne Kraftwerke
und die zunehmende Erhöhung des Wirkungsgrades werden
aber die Vorräte schonen helfen.

Auch Kernkraftwerke werden noch viele Jahre unverzichtbar bleiben, denn sie liefern – anders als etwa Sonne und Wind – rund um die Uhr Strom.

Immerhin hat sich in wenigen Jahren die Industrie zur Erzeugung erneuerbarer Energien gewaltig entwickelt. Im Jahre 2006 machten allein die deutschen Firmen bereits 23 Milliarden Euro Umsatz, immerhin ein Fünftel des Umsatzes von Volkswagen. Die Möglichkeiten, Wasserkraft auszubauen, sind aus landschaftlichen Gründen in vielen Ländern begrenzt.

Voraussichtlich werden in den nächsten Jahrzehnten Windparks vor den Küsten zunehmend einen Teil des Stroms erzeugen. Wirtschaftliche Photovoltaikanlagen auf Dächern dürften noch einige Zeit auf sich warten lassen, eher werden in sonnenreichen Gebieten größere Solarkraftwerke gebaut, deren Strom etwa in Kabeln nach Europa oder in örtliche Industrieparks geleitet oder zur Erzeugung von Wasserstoffgas als Treibstoff genutzt wird. Auch Biomasse dürfte im zukünftigen Energiemix eine gewisse Rolle spielen, allerdings mehr für kleinere Anlagen – für Großanlagen wäre der Transport der riesigen Mengen an Rohstoffe vermutlich nicht lohnend. Auch Strom aus Erdwärme wird einen Teil beitragen, zumal er ebenfalls ständig zur Verfügung steht. Und möglicherweise werden in ferner Zukunft Fusionskraftwerke günstig elektrischen Strom liefern.

### Wie kann man Energie sparen?

Einen großen Teil der Energieprobleme aber wird man nicht mit neuen Energiequellen lösen, sondern mit einer altbewährten Methode: Sparen. Schließlich ist die jetzige bei weitem nicht die erste Energiekrise der Menschheit, im Gegenteil: Energie war

immer knapp und meist auch recht teuer. So haben in den früheren Jahrhunderten Generationen von Tüftlern daran gearbeitet, möglichst sparsame Öfen zu entwickeln.

Heute forscht man an sparsamen Kraftwerken. Das Sparpotential ist hier gewaltig. Allein bei der deutschen Stromproduktion geht so viel der eingesetzten Energie verloren, wie ein Kohlenzug von Äquatorlänge liefern würde.

Eine zukünftige Lösung könnten kleine lokale Kraftwerke mit Kraft-Wärme-Kopplung sein: Sie erzeugen nicht nur Strom, sondern nutzen auch die dabei unvermeidlich entstehende Wärme aus und erreichen so besonders hohe Wirkungsgrade.

Auch in der Industrie besteht noch ein gewaltiges Einsparpotential. Obwohl man in den letzten Jahren an der Effizienz gearbeitet hat, schätzen Experten, das man durch Einsparen bei gleicher Leistung mit einem Fünftel der tatsächlich gebrauchten Energie auskäme – der Rest geht nämlich weitgehend ungenutzt verloren.

Jeder kann viel für den Klimaschutz tun und helfen, fossile Energieträger einzusparen – was angesichts der Energiekosten auch rasch im Geldbeutel zu spüren ist. So lassen sich Kühlschränke, Waschmaschinen, Geschirrspüler und andere Geräte durch Energie sparende Modelle ersetzen. Auch Glühlampen sind nicht mehr zeitgemäß – Energiesparleuchten sind auf Dauer billiger und leben länger. Nicht benötigte Geräte sollte man ausschalten, statt sie auf Bereitschaft stehen zu lassen – der an sich kleine Stromverbrauch addiert sich landesweit zur Leistung eines Großkraftwerks.

Und schließlich sollte man weniger Auto fahren und zudem auf verbrauchsärmere Modelle umsteigen. Weil ein gewaltiger Anteil unserer Energie zum Heizen der Häuser dient, lassen

sich hier durch bessere Wärmeisolierung gewaltige Brennstoff-
mengen sparen. Auch die in Abwasser oder Abluft steckende
Wärme lässt sich zurückgewinnen und nutzen. Immerhin geht
allein bei der Raumwärme in Deutschland so viel Energie verloren, dass man damit einen Öltankzug von 34 000 km Länge
füllen kann.

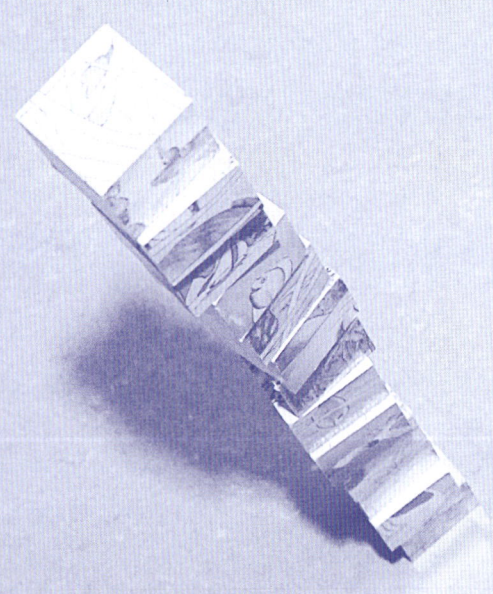

*Das Juwel des Himmels ist die Sonne, das Juwel des Hauses ist das Kind.*
*Chinesisches Sprichwort*

# Lernstoff Wetter und Klima: Wetterbeobachtungen, Experimente und Spiele in Kindergarten und Grundschule

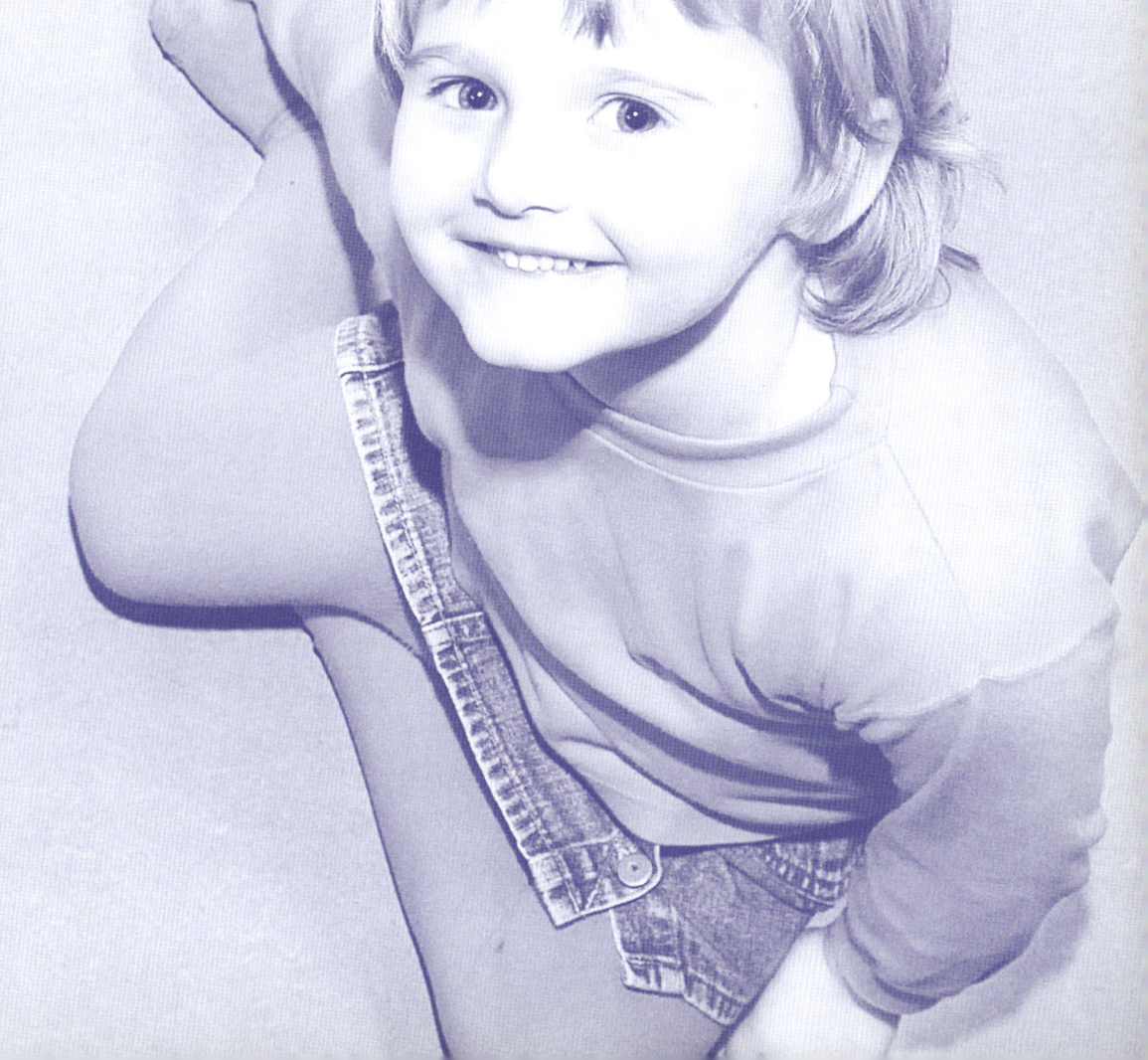

„Ein Gramm Erfahrung", lehrte der amerikanische Pädagoge John Dewey „ist besser als eine Tonne Theorie". Mit seinem Programm „Lernen durch Handeln" ist er heute ein wichtiges Vorbild für die Ausbildung von Kindern und Jugendlichen und eine Erziehung zum Verständnis der Natur und zum nachhaltigen Handeln. Denn die Sinneswahrnehmung der alltäglichen Natur um uns herum ist der Ausgangspunkt der umweltpädagogischen Arbeit.

Kinder spielen und lernen gerne. Und sie lieben auch den Umgang mit natürlichen Dingen, etwa den Wettererscheinungen und den damit verbundenen Naturphänomenen wie Wasser, Eis und Schnee, Luft und Sonnenschein. Gerade in der heutigen Zeit trägt die Beschäftigung mit diesen Dingen zum Abbau der Naturentfremdung bei. Zudem ist sie natürlich eine gute Vorbereitung auf die spätere Schulzeit.

Dabei entwickeln die Kinder einen persönlichen Bezug zum Wetter und zur Natur in all ihren Erscheinungen. Begriffe wie „Nachhaltigkeit" dürften ihnen nur schwer zu vermitteln sein, wohl aber die Faszination von Regen, Wind und Sonne. Dabei kann man aber immer wieder – freilich unbedingt ohne erhobene Zeigefinger – Hinweise geben auf nachhaltigen und schonenden Umgang mit der Natur.

Wichtig ist allerdings eine sorgfältige Planung bei den Experimenten und Spielen. Hier kommt es sehr auf den Erzieher an. Er sollte jeden Versuch vorher mit den vorhandenen Mitteln ausprobiert haben, denn nichts ist so enttäuschend wie nicht funktionierende Vorführungen. Erst wenn die Kinder selbst Hand anlegen, kommt es auf genaue Kenntnis an, damit man etwaige auftretende Probleme sofort beheben kann. Die folgenden Experimente sind vor allem für Kinder ab fünf Jahren berechnet. Sie sollten, soweit möglich, in kleinen Gruppen experimentieren, damit alle beteiligt sind und selbst den sinnlichen Zugang zu den Phänomenen erleben.

Alle benötigten Gegenstände muss man bereits vor Beginn besorgen und griffbereit hinlegen. Sie sind so ausgesucht, dass sie billig und leicht erhältlich sind. Manche Versuche erfordern allerdings besondere Wetterbedingungen, etwa Sonnenschein oder Schnee. Wo der Erzieher den Versuch besser allein ausführt, weil er für die Kinder zu schwierig oder gefährlich ist, ist dies erwähnt. Manche Versuche sind aber für das Verständnis bestimmter wichtiger Phänomene so bedeutsam, dass man nicht auf sie verzichten sollte.

Die Aufmerksamkeit der Kinder erlischt rasch. Zwar kann man auch Kindergartenkinder über eine Stunde lang an einem Thema festhalten, wenn es denn nur spannend genug erzählt wird. Aber besser ist es, die Versuche und Erklärungen auf jeweils höchstens eine halbe Stunde zu beschränken und lieber auf mehrere Tage zu verteilen.

Die Kinder müssen vor den Versuchen vorbereitet werden. Man sollte mit ihnen also die jeweilige Beobachtung oder Fragestellung durchsprechen, mögliche Lösungen diskutieren und das Experiment dann auch als Frage an die Natur erläutern.

Ganz wichtig ist dann die anschließende ausführliche Erklärung. Ohne sie bleibt bei den Kindern Enttäuschung zurück: Sie wollen keine unerklärbaren Zaubertricks, sondern Hilfe beim Verstehen der Welt. Natürlich muss diese Erklärung jeweils an den Kenntnisstand und das Alter der Kinder angepasst sein. Der Erzieher sollte hier nicht auf besondere Wissenschaftlichkeit Wert legen oder mit Fachausdrücken jonglieren, sondern die Erklärung so einfach und kindgerecht wie möglich liefern – ruhig auch in einer etwas vermenschlichenden oder poetischen Sprache. Dabei sollte man wo irgend möglich die Bezüge zum Alltag der Kinder und zu ihren eigenen Beobachtungen herstellen. In den Texten zu den Versuchen gibt es viele Hinweise darauf. Die Spiele wie auch die Lieder und Gedichte können beim Vor- und Nachbereiten der Experimente helfen. Aber vor allem sollen sie einen eigenständigen, mehr emotionalen Zugang zur Natur schaffen, zum Teil auch gerade für die jüngeren Kinder. Jeder Erzieher sollte sich aus der Fülle der Texte die ihm jeweils am geeignetsten erscheinenden heraussuchen.

Ganz wichtig ist schließlich, den Kindern immer wieder viel Zeit zu geben, mit den jeweiligen Dingen noch etwas „herumzuspielen". Sie brauchen Zeit und auch Ruhe, um ihren eigenen sinnlichen und mentalen Zugang zu finden und die neuen Kenntnisse einzuordnen. Das muss und sollte nicht unter einem Dach sein – gerade in der heutigen Zeit ist wichtig, dass die Kinder zum Beispiel den Schnee selbst erleben oder in Ruhe mit Wasser herumplantschen können. Im Lichte der neuen, frisch gewonnenen Kenntnisse werden sie dann die Naturphänomene mit anderen Augen ansehen und neue Facetten an ihnen entdecken.

Um die Planung und Gestaltung von Erlebnissen und Aktionen rund ums Thema Wetter und Klima zu vereinfachen, wurden die Orte der einzelnen Aktivitäten mit Symbolen gekennzeichnet.

**Symbole und ihre Beschreibung**

Die Experimente und Spiele zu Wetter und Klima benötigen kein
festgefügtes Programm. Bei der Auswahl geht es vielmehr darum,
den verschiedenen Ansprüchen angesichts der verschiedenen
Bedingungen, die man vor Ort findet, gerecht zu werden.
Spielanleitungen und Beschreibungen zu Experimenten sind
immer nur als Anregung und Anhaltspunkte zu verstehen. Sie
können variiert, angepasst, zusammengefasst oder erweitert werden. Es sollte immer noch Zeit für Unvorhergesehenes eingeplant
werden. Je öfter man die Experimente und Spiele durchführt,
desto mehr werden Varianten und Verbesserungen sichtbar, die
man beim nächsten Mal berücksichtigen kann.

 Experimente und Spiele für draußen

 Experimente und Spiele für den Kindergarten

 Experimente und Spiele für die Schule

111

## Experimente

### Tag und Nacht am Globus

  **Ort:** Kindergarten/Schule

| **Material:** | **Dauer:** | **Personen:** |
| --- | --- | --- |
| Globus | ca. 30 Min. | 1 |
| Knetmasse | | |
| Lampe | | |

Warum es Tag und Nacht wird, lässt sich an einem Globus besonders einfach und eindrucksvoll demonstrieren. Allerdings fällt es Kindern schwer, die Vorgänge auf dem Globus, die sie quasi von außen sehen, mit den eigenen täglichen Erlebnissen zum Sonnenstand zu verknüpfen. Damit die Kinder eine Identifikationsfigur haben, sollte man daher eine winzige Figur aus Knetmasse formen und auf die entsprechenden Stellen des Globus setzen. Die Kenntnis der Erdteile und des eigenen Standorts wird hier vorausgesetzt.

Im verdunkelten Zimmer wird der Globus mit dem Lichtstrahl aus der Lampe beleuchtet – sie stellt die Sonne dar. Die Figur setzt man zunächst genau auf den Punkt „Stuttgart" und wendet sie in die Nachtseite.

Jetzt wird der Globus langsam gedreht, und dabei erklärt der Erzieher, was die Figur sehen würde. Für sie taucht der Lampenschein zunächst in östlicher Richtung auf: Die Lampe geht für sie im Osten auf. Dann wird es immer heller, die Lampe klettert immer höher hinauf auf ihrem „Himmel", bis sie schließlich aus der Südrichtung scheint – jetzt ist für die Figur Mittag. Danach

wandert die Lampe wieder zum Horizont hinunter, und schließlich verschwindet das Licht im Westen.

Jedes Kind sollte auch einmal selbst „Erde" spielen und sich dabei im abgedunkelten Raum im Lampenschein um die eigene
Achse drehen, um „Morgen", „Mittag", „Abend" und „Nacht"
zu erleben.

### Lauf um die Sonne

**Ort:** Kindergarten/Schule

| Material: | Dauer: | Personen: |
|---|---|---|
| Globus | ca. 30 Min. | 1 |
| Rundumleuchte | | |
| (etwa eine Tischlampe | | |
| ohne Schirm) | | |
| Knetmasse | | |

Die Bewegung der Erde um die Sonne und vor allem die Jahreszeiten lassen sich mit einem Globus besser demonstrieren als
etwa mit Zeichnungen – zumal wenn die Kinder dann die Versuche wiederholen können. Für diesen Versuch braucht man
allerdings eine Lampe, die in alle Richtungen strahlt – sie stellt
die Sonne im Zentrum der Erdbahn dar.

Im ersten Schritt stellt der Erzieher zunächst Sonne (Lampe) und
Erde (Globus) vor und zeigt dann, wie sich die Erde, ständig um
sich selbst drehend, einmal um die Sonne bewegt. Dabei werden die Begriffe „Tag" und „Jahr" erklärt und sind so unmittelbar
einleuchtend.

Im zweiten Schritt kann man älteren Kindern (ab 5) dann auch die Ursache für die Jahreszeiten zeigen. Die Jahreszeiten selbst und ihre Unterschiede müssen natürlich vorher besprochen worden sein. Dann demonstriert man zunächst die Schrägstellung der Erdachse.

Nun formt man eine kleine, nicht zu hohe Figur aus Knetmasse und setzt sie zunächst nach Europa. Durch Herumführen des Globus um die Lampe zeigt man, dass in einem Bereich der Umrundung die Sonne stärker auf diese Figur scheint als gegenüber. Das sollte man mehrfach wiederholen und immer wieder auf die Unterschiede hinweisen. Eventuell setzt man eine zweite Figur irgendwo auf die Südhalbkugel und demonstriert auch deren Verhältnisse. Die Kinder sollten auch selbst die Umrundung der Lampe mit dem Globus vollziehen.

### Wie die Wäsche am besten trocknet

  **Ort:** Kindergarten/Schule

| Material: | Dauer: | Personen: |
|---|---|---|
| 2 gleiche Handtücher | je ca. 20 Min. | 1 |
| Eimer | an zwei aufeinander- | |
| Wäscheleine | folgenden Tagen | |

Oft stecken Rätsel und Forschungsaufgaben für Kinder selbst in den alltäglichsten Dingen. Zum Beispiel: Wäsche zum Trocknen aufhängen – das ist ein Vorgang, der vielen Kindern von früh an vertraut ist. Doch warum tut man das eigentlich? Und wo bleibt die Feuchtigkeit? Ein Versuch soll Klarheit schaffen.

114

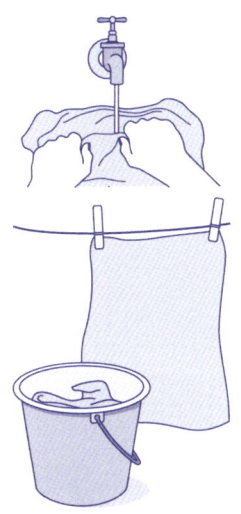

Die Kinder ziehen beide Handtücher durchs Wasser und wringen sie aus. Eines stecken sie dann zusammengeknüllt in den Eimer, das andere wird an eine aufgespannte Leine im Freien oder auch im Raum über einen Stuhl gehängt. Nach einigen Stunden und am nächsten Tag vergleichen die Kinder, welches Handtuch trockener ist.

Mit dem Erzieher wird dann besprochen, warum das aufgehängte Tuch so viel rascher trocknet. Worin unterscheiden sich die Tücher? Wo ist das Wasser geblieben? Herabgetropft ist, wenn überhaupt, nur wenig. Ziel der Diskussion sollte sein: Das aufgehängte Tuch hat mehr Kontakt mit der Luft, bietet ihr eine größere Fläche. Denn das Wasser verschwindet offenbar in die Luft hinein.

## Wasser wird unsichtbar

**Ort:** Kindergarten/Schule

| Material: | Dauer: | Personen: |
|---|---|---|
| Teller | einige Tage | 1 |
| hohes Glas | | |
| Filzstifte | | |

Auch dieser Versuch zeigt, wie Wasser verdunstet und dass die Verdunstungsgeschwindigkeit von der Größe der Wasseroberfläche abhängt.

Zunächst muss zwei Mal die gleiche Menge Wasser abgemessen werden. Die Kinder machen am Glas eine Markierung mit dem Filzstift, etwa 6 cm über dem Boden. Dann füllen sie es bis zu

115

dieser Markierung mit Wasser aus dem Hahn und schütten es auf den Teller. Danach füllen sie das Glas erneut bis zur Markierung und lassen Teller und Glas nebeneinander stehen. Nun schauen sie jeden Tag nach und vergleichen, wie sich die Wassermengen verändern. Eventuell können sie täglich mit unterschiedlich farbigen Filzstiften den jeweiligen Wasserstand markieren.

Natürlich lässt sich der Versuch, wenn genügend Geschirr vorhanden ist, auch so gestalten, dass jedes Kind ein eigenes Glas und einen Teller hat.

Das Wasser aus dem Teller mit der großen Oberfläche verschwindet tatsächlich viel rascher als aus dem Glas.

Anlässlich dieses Versuchs könnte der Begriff „verdunsten" eingeführt werden. Den Kindern kann man auch erklären, was hier geschieht: Die kleinsten Wasserteilchen, die Wassermoleküle, steigen von der Wasseroberfläche auf und verteilen sich in der Luft. Weil sie so klein sind, dass unsere Augen sie nicht erkennen können, wird das Wasser praktisch unsichtbar. Je größer die Oberfläche, also die Kontaktfläche Wasser-Luft ist, desto rascher geht die Verdunstung – so wie durch ein breites Tor in gleicher Zeit viel mehr Menschen strömen können als durch eine enge Tür.

### Wärme hilft beim Verdunsten

**Ort:** Kindergarten/Schule

| **Material:** | **Dauer:** | **Personen:** |
|---|---|---|
| 2 Teller | zwei Tage | 1 |
| Filzstifte | | |
| Glas | | |

Auch Wärme steigert das Verdunstungstempo, weshalb Pfützen im Sonnenschein rascher verschwinden als bei bedecktem Himmel. Wieder wird die gleiche Menge Wasser abgemessen und dann aber auf zwei Teller verteilt. Einen stellen die Kinder auf die Heizung oder in die Sonne, den anderen an einen kühlen Ort. Einen oder zwei Tage lang vergleichen sie, wo das Wasser rascher verdunstet.

Der Teller in der Wärme wird rascher leer. Wärme lässt Wasser offenbar schneller verdunsten. Der Erzieher kann darauf hinweisen, dass man aufgrund dieser Tatsache zum Beispiel Haare mit Warmluft aus dem Fön trocknet.

Die Wassermoleküle haften mit gewisser Stärke aneinander. Dennoch gelingt immer einigen die Flucht. Je wärmer es ist, desto schwächer wird die „Klebewirkung" und desto besser können sich die Moleküle bewegen. Deshalb fördert Wärme die Verdunstung.

ren darauf. Ein Kieferzapfen etwa schließt sich in feuchter Luft und öffnet sich in trockener. Denn feuchte Luft bedeutet meist aufziehenden Regen, und vor dem möchte die Kiefer ihre im Zapfen steckenden Samen schützen.

Auch Haare verändern sich: In feuchter Luft werden sie länger, in trockener ziehen sie sich zusammen. Das nutzt man im Wetterhäuschen. Es enthält ein dünnes Band verdrillter Pferdehaare, deren Bewegung sich auf den Balken überträgt und bei feuchter Luft – die meist aufkommenden Regen anzeigt – den Mann mit dem Schirm, bei trockener Luft die sommerlich gekleidete Frau herauskommen lässt.

Es gibt auch Farbstoffe, die sich an feuchter Luft rosa, an trockener blau färben und bisweilen auf Figuren aufgebracht werden.

### Wolken im Topf

  **Ort:** Kindergarten/Schule

| Material: | Dauer: | Personen: |
| --- | --- | --- |
| warmes Wasser | 1 Stunde | 1 |
| Metallschüssel | | |
| Eiswürfel | | |
| großer Topf | | |
| Küchenpapier | | |

Wolken sind für Kinder faszinierend mit ihren immer wechselnden Formen und ihrer Drift über den Himmel. Umso erstaunlicher, dass man kleine Wolken sogar selbst machen kann.

120

Die Metallschüssel wird etwa 30 Minuten vor Versuchsbeginn in den Kühlschrank gelegt (am besten Eisfach), damit sie schön kalt ist, und dann mit Eiswürfeln gefüllt. Dann schüttet der Erzieher heißes Wasser (etwa 60 °C) in den Topf, bis es einige Zentimeter hoch steht. Die Kinder fassen nacheinander die Metallschüssel mit etwas Papier an (wegen der Kälte) und schwenken sie im Topf über dem Wasser hin und her. Es bilden sich feine weiße Wölkchen. Der Versuch zeigt, dass Wolken entstehen, wenn warme, feuchte Luft auf kühle Luft (um die Schüssel herum) trifft. Auch in der Natur bilden sich Wolken meist beim Zusammentreffen feucht-warmer und kühler Luft.

### Wasserkreislauf im Kleinen

**Ort:** Schule, mit einfacher Erklärung auch Kindergarten

| **Material:** | **Dauer:** | **Personen:** |
|---|---|---|
| großes Einmachglas mit Deckel oder Glas + Frischhaltefolie Pflanzerde oder gute Gartenerde 2 – 3 kleine Pflänzchen vom Gärtner oder Kressesamen alte Zeitungen | Aufbau ca. 2 Stunden | 1 |

In der Natur durchläuft das Wasser einen Kreislauf: Es verdunstet vor allem aus dem Meer und bildet Wolken, die zum Teil über

dem Land abregnen. Dann läuft das Wasser schließlich, soweit
es nicht vom Land verdunstet, durch die Flüsse wieder ins Meer.
Diesen Wasserkreislauf kann man auch im Kleinsten nachahmen.
Weil dieser Versuch meist viel Schmutz macht, sollte vorher der
Tisch mit alten Zeitungen abgedeckt werden.

Die Kinder füllen das Glas etwa 4–5 cm hoch mit Erde (je nach
Höhe des Glases). Dann pflanzen sie vorsichtig die kleinen Pflan-
zen hinein oder säen den Kressesamen aus. Schließlich feuchten
sie die Erde mit etwas Wasser an (nicht zu viel!) und legen den
Deckel auf bzw. spannen die Folie luftdicht über die Öffnung.
Schließlich wird das Glas an einen hellen Ort gestellt.

Im Laufe der nächsten Wochen wachsen die Pflanzen schön an
und werden rasch größer. Dennoch braucht man nicht gießen:
Das Wasser, was aus den Blättern und der Erde verdunstet,
schlägt sich in flüssiger Form im oberen Teil des Glases nieder
und rinnt wieder herab, ähnlich wie der Regen.

### Bau eines Regenmessers

**Ort:** Schule

| **Material:** | **Dauer:** | **Personen:** |
|---|---|---|
| PET-Flasche | 3 Stunden | 1 |
| Schere, Plastiklineal | | |
| Klebeband | | |
| wasserfester Filzstift | | |
| Eimer, Maßband | | |
| Knete | | |

Will man wissen, wie viel Regen jeden Tag fällt, braucht man einen Regenmesser – ein Gefäß, das einen Teil des Regens auffängt und anzeigt, wie viel es enthält. Solch ein Gerät kann man leicht selbst bauen.

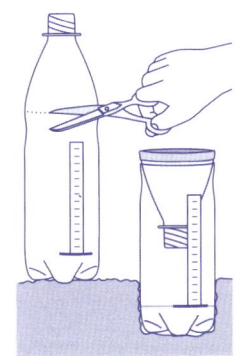

Den ersten Teil muss ein Erzieher vornehmen: Eine PET-Flasche im oberen Bereich gerade abschneiden. Der Schnitt sollte so sein, dass der Rand und das Unterteil der Flasche den gleichen Durchmesser haben. Das Oberteil wird dann umgekehrt ins Unterteil gesteckt und arbeitet wie ein Trichter. Die scharfen Ränder müssen mit Klebeband gesichert werden, damit sich keiner daran verletzt!

Nun klebt man das Lineal so an die Flasche, dass der Nullpunkt etwas über dem Flaschenboden liegt, dort wo der gerade Teil beginnt. Schließlich füllt man mit Wasser bis zum Nullpunkt des Lineals auf und stellt den Regenmesser an eine offene Stelle ins Freie, am besten in ein kleines Loch, damit er nicht umfällt. Natürlich sollten weder Bäume noch Gesträuch über dem Gerät hängen.

Jetzt kann man jeden Tag, oder vor und nach einem kräftigen Regenschauer, das Gerät ablesen. Nur sollte man dann immer wieder den Wasserstand auf den Nullpunkt regulieren.

Etwas ausführlicher muss man mit den Kindern den Sinn der Skala besprechen: Jeder Millimeter bedeutet, dass ein Liter auf die Fläche eines Quadratmeters fällt. Am besten legt man mit Knete auf einer ebenen Steinfläche einen Quadratmeter aus. Der Knetwall sollte etwa 20 Millimeter hoch sein. Dann gießt man sehr vorsichtig das Wasser hinein und kann jetzt die Tiefe der Wasserfläche nachmessen: Es sind 10 Millimeter.

### Der Lauf der Sonne

   **Ort:** Kindergarten/Schule

| Material: | Dauer: | Personen: |
|---|---|---|
| Holzstab, 50–100 cm (Besenstiel) | mehrere Stunden, aber immer nur | 1 |
| Steine oder z. B. große Legoteile oder Straßenkreide | kurzzeitig | |
| glatte, ganztägig besonnte Fläche | | |
| evtl. Holzpflöcke | | |

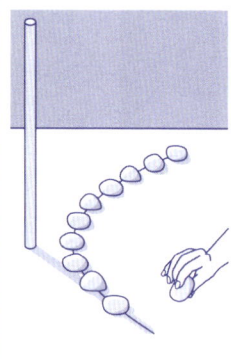

Für diesen Versuch sollte man einen klaren, sonnigen Tag aussuchen und am frühen Vormittag beginnen. Der Besenstiel wird senkrecht aufgestellt und am Ende seines Schattens ein Stein hingelegt (auf Asphalt tut es auch eine Markierung mit Straßenkreide). Dies wiederholt man nun etwa jede halbe Stunde. Gleichzeitig wird die Bahn der Sonne am Himmel verfolgt. Man erhält eine Steinreihe, die zuerst zum Stab hin und dann wieder von ihm wegführt, entsprechend der erst abnehmenden, ab Mittag wieder zunehmenden Schattenlängen.

Der Versuch lenkt die Aufmerksamkeit der Kinder auf den täglichen Sonnenlauf. Auch kann man die Himmelsrichtungen zeigen – zur Zeit des kürzesten Schattens steht die Sonne genau im Süden, am höchsten Punkt ihrer Bahn (übrigens meist nicht genau um 12 Uhr, teils wegen der Zeitzoneneinteilung, teils wegen der Sommerzeit). Die Gegenrichtung ist Norden, Osten die Richtung zum Sonnenaufgang und Westen zum Untergang.

Wenn man statt der Steine Holzpflöcke nimmt und eine wenig
benutzte Fläche zur Verfügung hat, kann man den Versuch zu
verschiedenen Jahreszeiten wiederholen und die Schattenlängen
vergleichen – im Winter sind die Schatten deutlich länger.
Die Erzieher sollten hier die Kinder warnen, nie direkt in die
helle Sonne zu schauen, erst recht nicht mit Fernrohren oder
Ferngläsern – sofortige Blindheit für immer wäre die Folge!
Als Merkvers eignet sich zu diesem Versuch der alte Kinderreim:

Im Osten geht die Sonne auf,
im Süden steigt sie hoch hinauf,
im Westen wird sie untergehen,
im Norden ist sie nie zu sehen.

Er gilt natürlich nur für die nördliche Hemisphäre; auf der
Südhalbkugel steht die Sonne mittags im Norden.

### Warmer Sand

**Ort:** Kindergarten/Schule

| **Material:** | **Dauer:** | **Personen:** |
| --- | --- | --- |
| Schüssel mit Sand | etwa 1 Tag | 1 |
| Schüssel mit Wasser | | |

Die Sonne sendet nicht nur sichtbares Licht aus, sondern auch
Strahlen, die beim Auftreffen auf eine Fläche Wärme erzeugen
können. Das wissen die Kinder vom Spielen im Freien. Aber
nicht alle Stoffe nehmen diese Wärme gleichmäßig auf.

Die beiden Schüsseln stellt man für 2 Stunden in den vollen Sonnenschein. In dieser Zeit sollen die Kinder mehrmals mit der Hand die Temperaturen im Wasser und im Sand nahe der Oberfläche prüfen und vergleichen. So bekommen sie einen ungefähren Eindruck, wo die Temperatur höher ist – die oberste Schicht des Sandes heizt sich viel rascher auf.

Lässt man die Schüsseln einige Stunden stehen und stellt sie dann in den Schatten, erkennt man einen umgekehrten Effekt: Der Sand kühlt jetzt viel rascher ab als Wasser.

Der Erzieher kann darauf hinweisen, dass man im Großen das gleiche Phänomen beobachtet: Das Festland erwärmt sich im Frühjahr rascher als das Meer, das bis in den Sommer kühl bleibt. Im Herbst aber hält es die Wärme länger als das Land. Daher ist das Klima nahe der Küste ausgeglichener als das so genannte „Kontinentalklima" weiter im Landesinnern.

### Gebündelte Sonnenwärme

  **Ort:** Kindergarten/Schule

| Material: | Dauer: | Personen: |
| --- | --- | --- |
| Lupe | etwa 15 Minuten | 1 |
| dunkles Papier | | |

Die Sonne dürfte eine der wichtigsten nachhaltigen Energiequellen der Zukunft sein. Grund genug, die in ihren Strahlen steckende Energie einmal den Kindern vor Augen zu führen.

Der Erzieher macht es vor, die Kinder können es dann nachmachen: Mit der Lupe wird das Sonnenbild auf dem Papier aufge-

fangen und der Abstand zwischen Linse und Papier so verändert, dass das Sonnenbild möglichst klein ist. Diesen Abstand nennt man die Brennweite der Linse, und den Punkt den Brennpunkt. Aus gutem Grund: Binnen Sekunden kräuselt sich ein Rauchfaden empor, und nach kurzer Zeit hat die konzentrierte Sonnenhitze ein Loch ins Papier gebrannt.

Aus gutem Grund sollte man dunkles Papier nehmen: Auf hellem Papier blendet der Brennpunkt zu stark, außerdem nimmt dunkles Papier die Hitze besser auf.

Der Erzieher erklärt den Kindern, dass die große Linse die Sonnenstrahlen auffängt und an einem Punkt bündelt, der nun Licht und Hitze all der Strahlen vereinigt.

Für besonders eindrucksvollen Demonstrationen gibt es bei Astromedia (siehe „Weiterführende Literatur" auf Seite 209) eine Plastiklinse mit 30 cm Durchmesser und entsprechender Brennwirkung, die aber daher für kleinere Kinder nicht geeignet ist.

### Gesammelte Sonnenwärme

**Ort:** Kindergarten/Schule

| Material: | Dauer: | Personen: |
|---|---|---|
| gewölbte Schüssel | 1 Stunde | 1 |
| Alu-Folie | | |
| Klebeband | | |

Große Sonnenkraftwerke arbeiten mit Hohlspiegeln, um die Sonnenwärme zu konzentrieren. Auch dies lässt sich mit einfachen Mitteln demonstrieren. Die Kinder kleiden die Schüssel mit Alu-

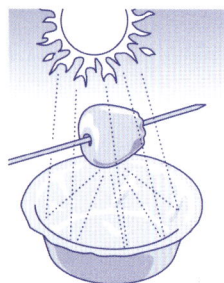

miniumfolie aus, und zwar mit der glänzenden Seite nach aussen. Meist haftet die Folie von selbst, sonst hilft man mit Klebeband nach. Wenn man dann die Schüssel in Richtung Sonne hält, kann man mit etwas Papier den Brennpunkt feststellen – wenn er auch nicht so heiß ist wie bei der Linse, kann man doch darin etwa einen Apfel garen.

Bei großen Sonnenkraftwerken erhitzt man Wasser und treibt mit dem Dampf Turbinen an, die elektrischen Strom liefern.

### Verminderter Sonnenschein

**Ort:** Kindergarten/Schule

| Material: | Dauer: | Personen: |
|---|---|---|
| helle, warme | 30 Min | 1 |
| Schreibtischlampe | | |
| Papier | | |
| Butter | | |
| Knete | | |

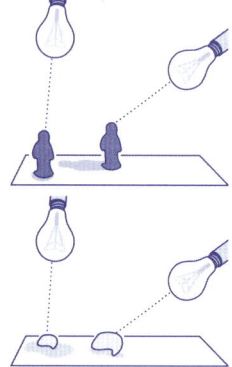

Für Kinder ist es oft schwer vorstellbar, wieso es im Winter so viel kälter ist, obwohl doch die Sonne auch viele Stunden hell scheint. Dieser Versuch zeigt, dass bei schräger Beleuchtung tatsächlich viel weniger Wärme ankommt.

Zunächst formt der Erzieher oder ein Kind eine Knetfigur und stellt sie aufs Papier. Dann wird sie mit der Lampe mal fast senkrecht und mal sehr schräg beleuchtet. Die Kinder achten auf den Schatten: Bei schräger Beleuchtung ist er viel länger.

Nun legt der Erzieher ein kleines Stück Butter aufs Papier und hält es in etwa 10 cm Entfernung unter die Schreibtischlampe. Zusammen mit den Kindern zählt er die Sekunden, bis die Butter geschmolzen ist. Dann wird der Versuch mit schräger Beleuchtung wiederholt. Nun dauert es viel länger, bis die Butter geschmolzen ist.

Dazu sollte der Erzieher den Versuch „Jahreszeiten" mit dem Globus zeigen, also die schräge Beleuchtung durch die Sonne im Winter, und dabei auch auf die im Winter ebenfalls längeren Schatten hinweisen.

### Leere Flasche ist nicht leer

**Ort:** Kindergarten/Schule

| **Material:** | **Dauer:** | **Personen:** |
|---|---|---|
| Flasche | 20 Min. | 1 |
| Eimer | | |
| Becher | | |
| Taschentuch | | |

Für Kinder ist es oft nicht leicht zu verstehen, dass Luft auch einen Raum einnimmt. Dieser im Grunde simple Versuch zeigt das aber sehr eindrucksvoll. Mit genügend Material oder nacheinander können ihn alle Kinder ausführen.

Zunächst wird die Flasche mit der Öffnung nach oben in den mit Wasser gefüllten Eimer getaucht und läuft erwartungsgemäß voll. Dann leert man sie wieder und taucht sie nun umgekehrt ins Wasser. Erstaunlicherweise dringt das Wasser nun nicht ein, weil die eingeschlossene Luft das verhindert.

Man kann den Versuch auch in der eindrucksvollen „Taucherglocken"-Version wiederholen. Dazu stopft man das Taschentuch in den Boden des Bechers und taucht ihn umgekehrt ins Wasser. Das Taschentuch wird zum Erstaunen der Kinder nicht nass.

### Selbst Luft hat ein Gewicht

  **Ort:** Kindergarten/Schule

| Material: | Dauer: | Personen: |
|---|---|---|
| 2 Luftballone | 30 Min. | 1 |
| Kleiderbügel | | |
| Garn | | |
| Nadel | | |
| Klebeband | | |

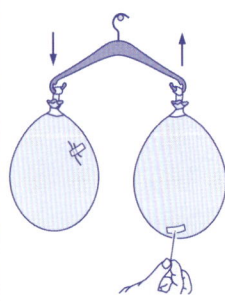

Luft wirkt so leicht – es ist kaum glaublich, dass auch sie ein Gewicht hat. Es ist aber leicht zu zeigen, dass es so ist.

Der Erzieher muss zunächst eine empfindliche Waage bauen. Dazu wird ein Kleiderbügel an einen Zwirnfaden aufgehängt. An jeder Seite wird mit Klebeband ein aufgeblasener Luftballon befestigt. Außerdem klebt man auf die Oberfläche eines Ballons ein Stück Klebeband und bringt dann die Waage mit kleinen Garnstückchen ins Gleichgewicht.

Nun sticht der Erzieher mit der Nadel durch das aufgeklebte Klebeband in einen der Ballons. Die Luft entweicht, und der andere Arm der Waage senkt sich. Denn die zusätzlich in den Ballon geblasene Luft belastet die Waage.

Luft hat also tatsächlich ein Gewicht, und zwar wiegt ein Liter Luft etwa 1,3 Gramm. Das klingt nicht viel. Aber es bedeutet, das die über uns stehende Luftsäule immerhin mit etwa 1 Kilogramm auf jeden Quadratzentimeter drückt.

### Basteln einer Windfahne

**Ort:** Kindergarten/Schule

| Material: | Dauer: | Personen: |
|---|---|---|
| Papier | 1 Stunde | 1 |
| langer Bleistift | | |
| langer Schaschlikspieß aus Holz | | |
| Schere | | |
| Klebeband | | |
| Knete | | |

Kleinere Kinder sind zwar mit dem Phänomen „Wind" vertraut, aber wissen nicht unbedingt, dass Wind Luft in Bewegung ist – also im Großen das, was sie im Kleinen etwa durch Pusten erzeugen. In diesem Fall sollte man sie zunächst leichte Gegenstände auf dem Tisch allein durch Pusten bewegen lassen. So lernen sie, dass bewegte Luft Kräfte ausübt.

Noch deutlicher zeigt dies eine Windfahne. Die Kinder schneiden aus Papier ein Rechteck von etwa 3 x 4 cm Größe und befestigen es mit Klebeband am hinteren Ende des Bleistifts. Genau

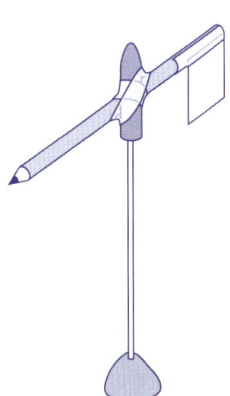

133

in dessen Schwerpunkt (etwa halbe Länge) kleben sie mit Klebeband die Kugelschreiberkappe fest, und zwar mit der Öffnung genau nach unten.

Aus der Knete formen sie einen dicken Batzen und stecken dort den Schaschlikspieß hinein, mit der Spitze nach oben.

Schließlich setzen sie die Kappe auf den Spieß. Die Windfahne muss sich jetzt leicht drehen. An einem windigen Tag im Freien, oder durch Pusten mit einem Fön können sie sie ausprobieren.

Der Erzieher sollte erklären, wie sie funktioniert: Der Wind bläst auf das Papier und übt dabei eine Kraft aus. Am kleinsten ist diese Kraft, wenn er auf die Schmalseite des Papiers trifft, und dann zeigt die Bleistiftspitze genau in die Richtung, aus der der Wind kommt.

Die Kinder sollten auch aufmerksam gemacht werden auf Wetterhähne auf Kirchturmspitzen, die ebenfalls als Windfahnen dienen.


### Die Last der Luft

**Ort:** Kindergarten/Schule

| Material: | Dauer: | Personen: |
|---|---|---|
| Zeitung | 20 Min. | 1 |
| lange Holzlatte | | |
| (etwa 10 cm breit) | | |
| Handschuhe | | |

Die Kraft, mit der die Luft auf uns drückt, ist kaum vorstellbar, zumal wir im Alltag nicht viel davon merken. Dieser eindrucksvolle Versuch aber zeigt deutlich die Macht des Luftdrucks.

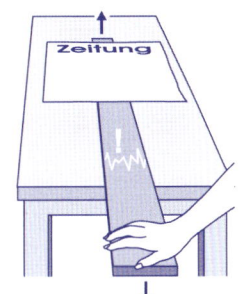

Der Erzieher legt auf den Tisch ein großes Blatt Zeitungspapier und schiebt die Holzlatte darunter – und zwar so, dass sie noch ein Stück über den Tischrand hinausragt. Wenn er sie nun langsam anhebt, geht die Zeitung wie erwartet mit hoch. Schlägt er aber auf das Ende der Latte, bleibt die Zeitung liegen. Eher bricht die Latte ab, als das sie sich hebt. Bei diesem Schlag sollte er – oder die Kinder, die das ausprobieren – ihre Hand mit einem Handschuh gegen Splitter schützen.

Ursache für den Effekt ist der Luftdruck. Der Erzieher sollte erklären, dass sich über uns ein mehrere Kilometer hoher Ozean aus Luft erstreckt. Wir leben am Grunde dieses Ozeans. Und so leicht Luft auch ist: In solchen Mengen übt sie einen ziemlich starken Druck aus, den Luftdruck. Auf jeden Quadratzentimeter unseres Körpers oder irgendeines Gegenstands drückt die Luft mit einer Kraft, als ob ein Gewicht von etwa einem Kilogramm darauf steht.

Dennoch werden wir unter dem Gewicht dieser Luftmassen nicht zerdrückt. Denn dieser Druck trifft uns nicht nur von oben, sondern auch von der Seite und von unten. Er wirkt durch das Atmungssystem sogar innerhalb des Körpers. Und weil alle Teile unter dem gleichen Druck stehen, merken wir nichts davon – die Kräfte heben sich auf. Deshalb kann man die Zeitung auch langsam hochheben: Die Luft hat dann genug Zeit hat, um nachzuströmen.

Ganz anders ist es aber, wenn man einen Raum luftleer machen oder wenigstens den Druck der Luft darin verringern würde. Dann wirkt der Luftdruck mit voller Kraft. Wenn durch den Schlag die Zeitungen einige Millimeter hochgehoben werden, entsteht darunter ein Bereich mit verringertem Luftdruck. Und so presst der äußere Luftdruck Papier und Latte mit der Kraft vieler Kilogramme auf den Tisch.

Auch kann man darauf hinweisen, dass die Kinder dieses Prinzip etwa bei Saugwandhaken sicher schon genutzt haben: Diese Haken haften an Kacheln oder Glas, weil man darunter einen Raum mit weniger Luft als außerhalb erzeugt.

### Warme Luft will nach oben

**Ort:** Kindergarten/Schule

| Material: | Dauer: | Personen: |
|---|---|---|
| Schere | 2 Stunden | 1 |
| Zeichenkarton | | |
| Garn | | |
| Klebeband | | |
| Kleiderbügel | | |
| Garn | | |
| 2 Papiertüten | | |
| Kerze | | |
| Heizung | | |
| Windrad | | |

Kinder haben oft schon einen Heißluftballon gesehen, und sie kennen meist auch die Weihnachtspyramiden, die sich über den Kerzen drehen. Eventuell kann man auch eine vorführen. Dieser Versuch soll klären, was den Ballon hebt und die Weihnachtspyramide dreht.

### 1. Versuch

Zunächst können die Kinder aus dem Zeichenkarton Dreh-
schlangen ausschneiden. Am besten zeichnet der Erzieher die
Umrisse vor, die Kinder können sie dann bunt anmalen. In den
Schwanz jeder Schlange piekst dann der Erzieher ein kleines
Loch, in das dann ein Stück Garn (etwa 1 m Länge) angeknotet
und mit Klebeband fixiert wird.

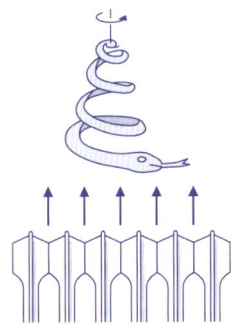

Die Schlangen werden dann über der warmen Heizung befestigt und beginnen sich lustig zu drehen. Grund dafür ist die
warme Luft, die über der Heizung aufsteigt und wie ein leichter
Wind wirkt.

### 2. Versuch

Mit einem kleinen Windrad vom Jahrmarkt kann der Erzieher
zeigen, dass von einer Wärmequelle ein Luftstrom nach oben
geht. Allerdings sollte es sehr leichtgängig sein. Zunächst pustet
er dagegen, um zu zeigen, dass es von einem Luftstrom in
Drehung versetzt wird. Das können die Kinder dann nacheinander auch ausprobieren. Schließlich hält der Erzieher das Windrad
über eine Kerzenflamme oder die heiße Herdplatte. Auch hier
gerät es in Drehung.

### 3. Versuch

Mit der empfindlichen Waage aus dem Kleiderbügel kann man
die heiße Luft sogar „wiegen". An den Enden des Bügels befestigt
der Erzieher zwei Tüten mit den Öffnungen nach unten und stellt
etwa mit einer verschiebbaren Büroklammer Gleichgewicht her.
Nun hält er unter eine Öffnung die brennende Kerze – sehr vorsichtig, damit das Pier nicht Feuer fängt. Nach wenigen

Sekunden steigt diese Seite der Waage in die Höhe. Nimmt man die Kerze weg, sinkt sie langsam wieder herunter.

Dieser Versuch sollte auf einer feuerfesten Unterlage gemacht werden. Außerdem sollte man Wasser zum Löschen bereithalten, falls eine Tüte doch in Brand gerät.

Die Ursache dieser Phänomene liegt darin, dass sich Luft – wie die meisten Stoffe – in der Wärme ausdehnt. Das bedeutet: Das gleiche Volumen Luft wiegt nun weniger. 10 Liter kühle Luft zum Beispiel wiegen 12 Gramm, 10 Liter 160 °C heiße Luft dagegen nur rund 8 Gramm. Also steigt die warme Luft wie eine Luftblase in Wasser empor, und der Luftstrom lässt die Schlange tanzen und dreht das Windrad. Auch die Heißluftballone werden nur durch die warme Luft im Innern empor getragen.

### Winde wehen

**Wind:** Kerze brennen lassen, Rauch von Räucherstäbchen daneben, wird in Flamme gezogen wegen der Luftströmung

  **Ort:** Kindergarten/Schule

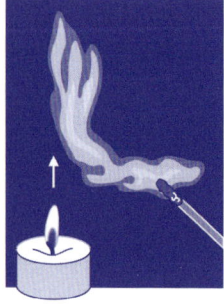

| **Material:** | **Dauer:** | **Personen:** |
| --- | --- | --- |
| Kerze | etwa 15 Min. | 1 |
| Räucherstäbchen | | |

Winde entstehen oft, weil an einer Stelle warme Luft aufsteigt und dadurch kühle aus der Umgebung ansaugt. Das kann man mit einer Kerze und etwas Rauch sehr schön zeigen.

138

Zunächst werden Kerze und Räucherstäbchen angezündet. Solange das Stäbchen in freier Luft ist, breitet sich der Rauch nur teilweise nach oben aus. Bringt der Erzieher dann aber den brennenden Teil in kleinem Abstand über die Flamme, strebt der Rauch kräftig nach oben, weil er von der aufsteigenden heißen Luft mitgenommen wird.

## Donner folgt auf Blitz

**Ort:** Ort im Freien

| Material: | Dauer: | Personen: |
|---|---|---|
| 2 Luftballone | etwa 30 Min. | 2 |
| Nadel | | |

Bei einem Gewitter folgt der Donner mehr oder weniger rasch auf den Blitz. Dass dies keine Erscheinung speziell des Gewitters ist, sondern mit dem Schall zu tun hat, zeigt dieser Versuch. Die Kinder stellen sich in gewissem Abstand vom Erzieher auf. Er bläst dann einen Luftballon auf und sticht mit der Nadel hinein. Die Kinder sehen und hören (und werden vom Erzieher nochmals darauf aufmerksam gemacht), dass Platzen und Knall gleichzeitig erfolgen.

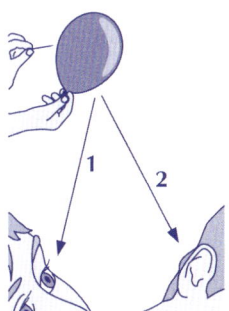

Nun geht ein Erzieher mit einem Luftballon etwa 150–200 m weit weg, bleibt aber in Sichtweite der Kinder und dem anderen Erzieher. Dann bläst er auch diesen Ballon auf, hält ihn sichtbar hoch und sticht hinein. Wieder zerplatzt er, aber die Kinder hören den Knall erst einen Moment nach dem sichtbaren Zerplatzen.

Die Erzieher erklären diese Beobachtung mit der Schalllaufzeit: Das Licht ist viel schneller als der Schall, der für etwa 340 m immerhin eine Sunde braucht. Daher könne man aus dem Abstand von Blitz und zugehörigem Donner auch auf den Abstand eines Gewitters schließen.

### Schnee ist fast nur Luft

  **Ort:** Kindergarten/Schule

| **Material:** | **Dauer:** | **Personen:** |
|---|---|---|
| frischer Schnee | ca. 1 Stunde | 1 |
| Messbecher | | |

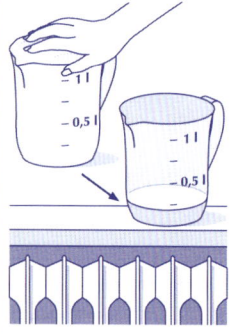

Dieser Versuch soll klären, warum frischer Schnee so erstaunlich leicht ist. Die Kinder füllen frischen Schnee mit nur leichtem Druck in den Messbecher, und zwar bis zum Rand. Dann stellen sie ihn an einen warmen Ort, am besten auf die Heizung. Etwa alle halbe Stunde schauen sie nach, ob der Schnee schon geschmolzen ist. Ist dies der Fall, wird die Menge des Schmelzwassers mit der ursprünglichen Schneemenge verglichen.

Der Versuch zeigt, dass Schnee zum größten Teil aus Luft besteht, und nur zu etwa einem Zehntel bis einem Fünftel aus Eis, das zu Wasser schmilzt.

**Kalte Schönheiten**

**Ort:** Kindergarten/Schule

| **Material:** | **Dauer:** | **Personen:** |
|---|---|---|
| Lupe | 20 Min. | 1 |
| schwarze Pappe | | |
| oder dunkler Stoff | | |

Wenn gerade Schneeflocken fallen, sollten die Kinder die Schön-
heit der Schneesterne bewundern. Dazu legt man zunächst die
Pappe bzw. den Stoff einige Minuten lang in die Kälte hinaus.
Dann gehen die Kinder, warm angezogen, ebenfalls hinaus, be-
waffnet mit Lupen. Sie fangen die Schneeflocken auf Pappe oder
Tuch auf und betrachten sie durch das Vergrößerungsglas. Dabei
sollten sie ihren Atem möglichst nicht auf den Schnee blasen,
weil er sonst schmilzt.
Der Erzieher sollte die Kinder auf die allgemeine Form der Sterne
hinweisen, etwa dass sie sechs Strahlen haben, und dass keiner
dem anderen exakt gleicht. Die Kinder erkennen auch, dass die
Sterne in der Schneeflocke sich mit ihren Zacken verhaken und
so viel Luft einschließen – das erklärt, warum frischer Schnee so
leicht ist.

### Gut verpackt hält länger

  **Ort:** Kindergarten/Schule

| **Material:** | **Dauer:** | **Personen:** |
|---|---|---|
| Eiswürfel | etwa 1–2 Stunden, | 1 |
| Handtücher | je nach Raumtempe- | |
| Teller | ratur | |

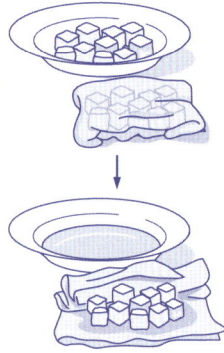

Eis schmilzt im warmen Raum. Aber man kann das Schmelzen verzögern.

Etwa 10 Eiswürfel legen die Kinder offen auf einen Teller. Weitere 10 wickeln sie sorgfältig in ein Handtuch ein und dies in ein weiteres Handtuch und legen das Paket dann neben den Teller. Wenn alles sichtbare Eis geschmolzen ist, werden die Handtücher ausgewickelt. Hier ist nur ein kleiner Teil der Eiswürfel geschmolzen.

Der Erzieher erklärt, dass Eis zum Schmelzen viel Wärme braucht, die es sich aus der Umgebung holt. Die Handtücher verhindern, dass die Umgebungswärme rasch ans Eis gelangt. Das gleiche Prinzip erklärt auch, warum Kleidung wärmt: Sie vermindert das Abfließen der Körperwärme. Auch Häuser werden oft mit einem Schutz umgeben, der im Winter die Heizwärme im Haus hält und so hilft, Energie zu sparen – sie werden wärmeisoliert.

**Eisberge in der Schüssel**

**Ort:** Kindergarten/Schule

| **Material:** | **Dauer:** | **Personen:** |
|---|---|---|
| Schüssel | etwa 1 Stunde | 1 |
| Eiswürfel | | |
| Filzstift | | |

Die Erzieher können mit den Kindern wetten: Wenn man in
einem randvollen Gefäß Eiswürfel schwimmen lässt, schaut ein
Teil von ihnen über die Wasseroberfläche. Wenn sie schmelzen – wird das Gefäß überlaufen?

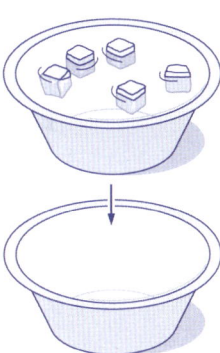

Die Kinder sollen einige Eiswürfel in die mit altem Wasser ge-
füllte Schüssel legen und sie exakt bis zum Rand mit Wasser
auffüllen, bis kurz vor dem Überlaufen. Die Eiswürfel schwimmen und schauen teilweise heraus. Jetzt wartet man, bis alle
geschmolzen sind. Doch die Schüssel läuft nicht über!
Grund dafür ist, dass sich Wasser beim Gefrieren ausdehnt,
beim Schmelzen also wieder zusammenzieht. Und zwar um
gerade so viel, wie vom Eis beim Schwimmen herausschaut.
Daher kann die Schüssel gar nicht überlaufen.

### Pflanzen brauchen Wasser

  **Ort:** Kindergarten/Schule

| **Material:** | **Dauer:** | **Personen:** |
|---|---|---|
| 2 hohe Gläser | 3–5 Tage | 1 |
| 2 Blütenstängel | | |
| Filzstift | | |
| Speiseöl | | |

Wenn sich in Deutschland das Klima ändert und Regen seltener wird, leiden auch die Pflanzen. Denn sie brauchen Wasser zum Leben – wie wir auch. Die zwei Blütenstängel werden auf zwei Gläser verteilt. Eines bleibt leer, ins andere füllt der Erzieher Wasser und gibt noch etwas Speiseöl darauf – es verhindert die Verdunstung von Wasser. Alles verschwindende Wasser muss also durch den Stängel geflossen sein. Mit dem Filzstift wird dann der Wasserstand markiert und jeden Tag nachgeschaut. Oft schon einige Stunden nach Versuchsbeginn wird der Stängel ohne Wasser recht welk aussehen. Um die Kinder nicht traurig zu stimmen, gibt man jetzt Wasser hinzu, und er wird sich sichtbar erholen (eventuell unten etwas abschneiden). Der andere Stängel wird munter weiterleben, und der Wasserstand täglich ein Stück sinken – was die Kinder sicher interessiert registrieren.

Man kann ihnen erklären, dass die Pflanzen das Wasser brauchen, um in den Blättern im Sonnenlicht ihre Nahrungsstoffe herzustellen und auch, um einen gewissen Druck in den Blättern und Blütenteilen zu erhalten, damit sie nicht schlaff wie ein leerer Luftballon aussehen.

## Meeresströmungen

**Ort:** Kindergarten/Schule

| Material: | Dauer: | Personen: |
|-----------|--------|-----------|
| große Schüssel | 20 Min | 1 |
| Tinte | | |
| evtl. Fön | | |

Die Oberflächenströmungen in den Ozeanen, zum Beispiel der Golfstrom, werden von bestimmten ständig blasenden Winden erzeugt. Der andauernde Luftstrom setzt das Wasser in Bewegung, und es bildet sich letztlich ein gewaltiger Wirbel aus. Das kann man etwa im Atlas oder auf dem Globus zeigen. Auch die Wasserbewegung kann man gut darstellen, indem man einige Tropfen Tinte ins Wasser tropft und dann mit dem Fön einen ständigen Luftstrom darüber streichen lässt (das sollte aus Sicherheitsgründen auf jeden Fall der Erzieher tun). Der Farbstoff verteilt sich vorwiegend in Richtung der Luftströmung und zeigt so die Strömung im Wasser an.

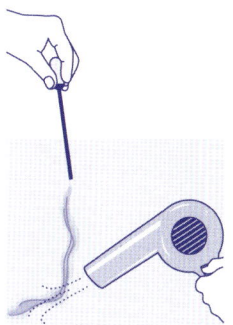

### Jahresringe

 **Ort:** Wald

| **Material:** | **Dauer:** | **Personen:** |
|---|---|---|
| durchgesägter Baum | 30 Min. | 1 |
| Lupe | | |

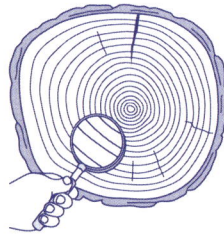

Das Wetter ändert sich nicht nur von Tag zu Tag, sondern auch über längere Zeiträume. Das kann man sehr gut an den Jahresringen eines Baumes erkennen. Man sucht sich im Wald einen durchgesägten Baum und betrachtet die Jahresringe mit der Lupe. Manche sind breiter, andere schmaler. Die Dicke hängt davon ab, wie gut die Wachstumsbedingungen für den Baum im jeweiligen Jahr waren. Also ob es eher warm oder kalt, trocken oder feucht war. Auf diese Weise lassen sich an Jahresringen an alten Bäumen oder an verarbeitetem Holz die Klimabedingungen noch nach Jahrtausenden ablesen.

### Baum im Jahreslauf

**Ort:** im Freien

| Material: | Dauer: | Personen: |
|---|---|---|
| Baum | etwa jeden Monat | 1 |
| Papier | 1 Stunde | |
| Zeichenmaterial | über ein Jahr hinweg | |

Der Wandel der Jahreszeiten lässt sich besonders gut am wechselnden Aussehen eines Baumes beobachten und darstellen. Dazu eignet sich zum Beispiel ein großer frei stehender Baum, etwa eine Eiche, Linde, Buche oder Rosskastanie. Die Kinder werden einmal pro Monat hin geführt und sollen ihn, immer vom gleichen Fleck aus, zeichnen. Das Zeichnen schult das genaue Hinsehen. Eventuell gibt der Erzieher Hilfestellung, welche jeweiligen Veränderungen besonders wichtig sind. Statt des ganzen Baums kann natürlich auch jeweils ein Teil, etwa eines Zweiges, gezeichnet werden – aber immer der gleiche Teil. Außerdem sollte auf den Bildern natürlich der Monat der Entstehung notiert werden.

Der Erzieher spricht mit den Kindern anhand der Bilder die Veränderungen des Baumes und die Gründe dafür durch – also etwa Blattaustrieb, Blüte, Fruchten, Herbstfärbung, Blattfall, Winterbild.

### Nicht nur Luft ist ein Gas

   **Ort:** Kindergarten/Schule

| Material: | Dauer: | Personen: |
|---|---|---|
| zwei durchsichtige Gläser | etwa 1 Stunde | 1 |
| Teelicht | | |
| Natron (Supermarkt) | | |
| Essig | | |
| Streichhölzer | | |

In der Klimadiskussion spielt das Gas Kohlendioxid (auch Kohlenstoffdioxid genannt) eine wichtige Rolle, denn es wirkt als Treibhausgas. Daher ist es hilfreich, dass es die Kinder kennen lernen – auch wenn sie ihm schon als Gas im Sprudel begegnet sind. Wegen der Kerzenflamme sollte allerdings der Erzieher diesen Versuch vorführen.

Kohlendioxidgas lässt sich leicht herstellen, indem man eine Säure (hier Essig) auf das Natronpulver schüttet. Es schäumt auf, und das Gas wird frei.

Freilich ist es unsichtbar. Daher wird es durch seine erstickende Wirkung auf die Flamme nachgewiesen.

Zunächst entzündet der Erzieher das Teelicht und stellt es in eines der Gläser. Ins andere Glas schüttet er etwa einen Esslöffel voll Natronpulver und gibt dann ungefähr zwei Esslöffel voll Essig darauf (die Mengen sind nicht kritisch). Die Masse schäumt auf, und das Glas füllt sich mit unsichtbarem Kohlendioxid.

Um es nachzuweisen, schüttet man den Inhalt des Glases außer der Flüssigkeit (also nur das Gas im Glas) in das zweite Glas mit dem Teelicht. Sofort erlischt die Flamme, weil das Kohlendioxid ihr den Sauerstoff abschneidet.

Die Kinder lernen bei diesem Versuch, dass es mehrere Arten Gase gibt und zudem das Kohlendioxid kennen. Natürlich sollte der Erzieher darauf hinweisen, dass das Gas im Sprudel den angenehm säuerlichen Geschmack hervorruft, dass Tiere und Menschen dieses Gas ausatmen und dass es in der Natur sehr nützlich und wichtig ist, weil es die Pflanzen aufnehmen.

## Spiele

### Wir bauen ein Windrad

  **Ort:** Kindergarten/Schule

| Material: | Dauer: | Personen: |
|---|---|---|
| Tonpapier oder Zeichenkarton | etwa 1 Stunde | 1 |
| Stecknadel mit großem Kopf | | |
| Holzstab (etwa umgedrehter Holz-Kochlöffel) | | |
| Schere | | |
| Bleistift | | |
| evtl. kleiner Hammer | | |

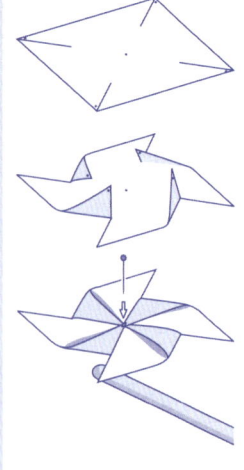

Drehung und Kraft aus dem Wind – ein hochaktuelles Thema im Zeitalter der Stromerzeugung aus Windrädern.

Ein einfaches buntes Windrad können die Kinder selbst basteln, den letzten Schritt mit der Stecknadel sollte allerdings der Erzieher machen.

Zunächst schneidet man ein Quadrat von etwa 15 cm Kantenlänge aus dem Papier. Wenn man von weißem Papier oder Karton ausgeht, können es die Kinder zuvor nach Wunsch bunt anmalen. Es wird dann zweimal diagonal gefaltet und wieder geöffnet. Entlang der Falze schneidet man es dann jeweils ein, und zwar genau die halbe Strecke bis zur Mitte des Quadrats. Neben jedem Schnitt macht man nahe der Ecke einen kleinen Bleistiftpunkt, und zwar immer zur gleichen Seite hin.

Nun biegt man die Teile mit einem Punkt jeweils zur Mitte des Quadrats und sticht durch die vier Punkte die Stecknadel, und befestigt sie dann im Holzstab (notfalls mit einem Hämmerchen nachhelfen). Man sollte darauf achten, dass es sich leicht dreht.

### Es klappert am Ast

**Ort:** im Freien

| Material: | Dauer: | Personen: |
|---|---|---|
| Schnur | 1 Stunde | 1 |
| Schere | | |
| diverse Gegenstände | | |

Kinder nutzen die Luft oft und gerne, auch wenn sie selten darüber nachdenken. Und zwar nicht nur zum Atmen: Sie lassen den Wind ihren Drachen empor tragen, sie pumpen Luft in die Fahrradreifen, lassen Papierschwalben durch die Luft gleiten, füllen Luftballons damit, und sie mögen es, wenn der Herbststurm die welken Blätter davon wirbelt. Sie lieben es auch, Geräusche zu machen. So wird es ihnen auch Spaß machen, wenn der Wind Geräusche erzeugt.

An einen Ast hängen alle mit der Schnur irgendeinen mitgebrachten, möglichst klingenden und nicht zu schweren Gegenstand: einen alten Topf, leere Dosen, Glöckchen, Schachteln mit einigen trockenen Erbsen darin, alte Tassen, trockenes Laub, Nägel, die bei Bewegung gegeneinander schlagen, lange Streifen aus Alu-Folie usw. Jetzt muss man nur noch auf Wind warten, um ein tolles Konzert zu erleben.

### Der selbst gemachte Regenbogen

 **Ort:** im Freien

| **Material:** | **Dauer:** | **Personen:** |
|---|---|---|
| Gartenschlauch | 20 Min. | 1 |
| Pflanzensprüher | | |

Regenbögen sind schön und bunt, aber nicht sehr häufig, und vor allem tauchen sie nicht auf Wunsch auf. Man kann ganz einfach selbst einen kleinen Regenbogen erzeugen, wenn die Sonne scheint. Die Kinder müssen dazu nur einen Gartenschlauch aufdrehen und im Sonnenschein einen Sprühnebel machen. Ist kein Schlauch vorhanden, tut es auch eine kleine Sprühflasche, wie man sie zum Einsprühen von Pflanzen nutzt. Die Erzieher können an diesem künstlichen Regenbogen die Farben des Regenbogens zeigen und eventuell seine Entstehung erklären.

### Was bei Regen alles anders ist

 **Ort:** Kindergarten/Schule

| **Material:** | **Dauer:** | **Personen:** |
|---|---|---|
| keines | 30–60 Min. | 1 |

Wenn es regnet, sieht die Welt anders aus als bei Sonnenschein. Doch was ist eigentlich alles anders? Jedes Kind soll einen Unterschied herausgreifen und den anderen vorstellen, etwa dunkle Wolken am Himmel, alle Farben sind intensiver, alles glänzt, der Regen rauscht oder plätschert, es gibt Pfützen, die Autos spritzen, Blüten schließen sich, Menschen haben Regenschirme oder rennen oder stellen sich unter, die Erde wird dunkler, es riecht anders, abends glänzen Lichter auf den nassen Strassen und Autos.

### Es klappert die Mühle...

**Ort:** im Freien, evtl. am Bach

| **Material:** | **Dauer:** | **Personen:** |
|---|---|---|
| Wasserhahn | etwa 1 Stunde | 1 |
| Schlauch | | |
| Korken | | |
| lange und kurze | | |
| Schaschlikspieße | | |
| aus Holz | | |
| Schere | | |
| leere Milchtüten | | |

Dass man laufendes Wasser in Drehung umwandeln kann, ist seit Jahrhunderten bekannt, aber heute zur Stromerzeugung wieder besonders aktuell. Diese Bastelei macht die Kinder damit vertraut, außerdem macht das Spiel mit Wasserrädern Spaß. Wenn kein Bach in Reichweite ist, kann man die Wasserräder auch mit dem Gartenschlauch betreiben.

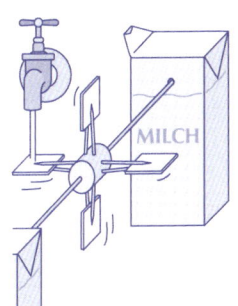

Zunächst wird in den Korken von beiden Seiten je ein großer Schaschlikspieß gesteckt, und zwar möglichst so, dass sie zusam-

men eine gerade Achse bilden – andernfalls eiert das Rad später. Dann schneiden die Kinder aus einer leeren Milchtüte vier rechteckige Stücke ab und befestigen sie in gleichmäßigem Abstand mit je zwei kurzen Spießen am Korken. In zwei weitere leere Milchtüten wird im oberen Teil jeweils ein kleines Loch gebohrt und die Tüten bis zu dieser Höhe mit Wasser gefüllt. In die Löcher werden die Achsen gesteckt, und zwar so, dass sie sich leicht drehen.

### Monster in weiß

 **Ort:** im Freien

| Material: | Dauer: | Personen: |
|---|---|---|
| Schnee | 1 Stunde | 1 |

Es ist langweilig, immer nur Schneemänner zu bauen. Wie wäre es mit Schneetieren oder einem Schneemonster?

### Wer zeichnet den schönsten Schneestern?

**Ort:** Kindergarten/Schule

| **Material:** | **Dauer:** | **Personen:** |
| --- | --- | --- |
| Papier | etwa 30 Min. | 1 |
| Zeichenmaterial | | |

Dieses Spiel kann man im Anschluss an die Beobachtung echter
Schneesterne mit der Lupe spielen. Jedes Kind malt, was es gese-
hen bzw. im Gedächtnis hat, oder es malt Fantasieschneesterne.
Einzige Bedingung: Sie müssen sechs Strahlen haben.

### Spuren im Schnee

**Ort:** im Freien

| **Material:** | **Dauer:** | **Personen:** |
| --- | --- | --- |
| evtl. Spuren- | etwa 1 Stunde | 1 |
| bestimmungsbuch | | |

Dieses Spiel kann man nur an einem Morgen spielen, wenn es in
der Nacht frisch geschneit hat. Auf einem Spaziergang durch die
Natur wird man verschiedene Spuren im Schnee antreffen. Die
Kinder können raten, was da gelaufen oder gefahren ist (Hund,
Katze, Fuchs, Vogel, Mensch, Auto, Fahrrad) eventuell hinterher
die entsprechenden Spuren malen. Kann man feststellen, in welche Richtung sich das Tier oder der Mensch bewegt haben? Und
wenn mehrere Spuren zusammentreffen: Wer war zuerst da?

### Großes Wolkenrätseln

 **Ort:** im Freien

| **Material:** | **Dauer:** | **Personen:** |
|---|---|---|
| keines | etwa 30 Min. | 1 |

Dauer: etwa 30 Min.

Hier ist Fantasie gefragt: An einem geeigneten Tag mit vielen Schönwetterwolken können die Kinder sich die Wolkenformen ansehen und sagen, welches Tier oder welchen Gegenstand sie darin sehen. nacheinander kommt jedes an die Reihe, eventuell auf Meldung.

### Fingerspiele zum Regen

 **Ort:** Kindergarten

| **Material:** | **Dauer:** | **Personen:** |
|---|---|---|
| keines | je etwa 15 Min. | 1 |

Kleineren Kindern machen einfache Fingerspiele Spaß, mit denen sie Wettererscheinungen nachahmen können. Dieses Spiel wird mit den fünf Fingern gespielt:

Der Erste sagt: „Wenn's regnet, da werd' ich ja nass!"
Der Zweite sagt: „Wenn's regnet, das ist kein Spaß!"
Der Dritte sagt: „Wenn's regnet, da geh' ich nicht aus!"

Der Vierte sagt: „Wenn's regnet, da bleib' ich zu Haus!"
Doch der Kleine da, der will mal wieder nicht warten,
der springt mit dem Schirm in den Kindergarten!

Auch **Wettergeräusche** sind für Kinder eine große Faszination.
Mit Fingern und Fäusten können sie dieses Spiel, das der Erzieher vorführt, nachmachen:

**Es tröpfelt:**
mit zwei Fingerspitzen auf die Tischplatte klopfen

**es regnet, es regnet:**
mit allen Fingerspitzen klopfen

**es gießt, es gießt:**
lauter und schneller klopfen

**es hagelt, es hagelt:**
mit allen Fingerspitzen zu gleicher Zeit trommeln

**es donnert:**
mit den Fäusten trommeln

**es blitzt, es blitzt:**
mit der Hand einen Zickzackblitz in die Luft zeichnen,
Zischgeräusche machen

**alle Kinder laufen schnell ins Haus:**
mit den Fingern über die Tischplatte laufen und die Hände hinter
dem Rücken verstecken

**und morgen scheint die warme Sonne wieder:**
mit den Händen einen großen Kreis beschreiben

### Eiszapfen auftauen

 **Ort:** Kindergarten

| **Material:** | **Dauer:** | **Personen:** |
| --- | --- | --- |
| keines | etwa 15 Min. | 1 |

Vor dem Spiel werden ein oder mehrere Kinder als Fänger ausge-
wählt. Während die anderen Kinder wild herumlaufen, versuchen
die Fänger, sie abzuschlagen, und versuchen, die herumlaufenden
Mitspieler mit der flachen Hand zu berühren. Ein so angetipptes
Kind muss sofort zu einem Eiszapfen erstarren. Jeweils zwei solcher Eiszapfen können gemeinsam eine „Brücke" bilden, indem
sie sich an beiden Händen fassen. Wenn eines der noch frei herumlaufenden Kinder unter dieser Brücke hindurchtaucht, sind die
Eiszapfen aufgetaut und dürfen wieder herumlaufen. Wenn alle
herumlaufenden Kinder zu Eiszapfen erstarrt sind, ist das Spiel
zu Ende.

### Wo überall verbrauchen wir Erdöl oder elektrischen Strom?

 **Ort:** Kindergarten

| **Material:** | **Dauer:** | **Personen:** |
| --- | --- | --- |
| keines | etwa 45 Min. | 1 |

Nach Besprechung der verschiedenen Beispiele von Strom- oder
Ölverbrauchern sollen die Kinder reihum spezielle Beispiele
nennen. Etwa Auto, Lastwagen, Mixer, Fernseher, Lampe, Com-

puter, Taschenlampe, Heizung, Straßenbahn, Schiff, Radio usw. Der Erzieher hilft bei Fragen aus.

### Detektivspiel: Wo wird Energie verschwendet?

**Ort:** Kindergarten

| **Material:** | **Dauer:** | **Personen:** |
|---|---|---|
| Schirmmützen oder spezielle Schals, die die Kinder als Detektive ausweisen Checkliste mit Bildern (evtl. laminiert) | 1 Tag | 1 |

An jedem Tag werden zwei andere Kinder zu Energiedetektiven ernannt. Sie sollen anhand einer Checkliste unnötigen Energie- und Trinkwasserverbrauch entdecken und wenn möglich abstellen. Ihre Aufgabe: Etwa tropfende Wasserhähne schließen, Licht in nicht benutzten Räumen ausmachen, bei kühlem Wetter gekippte Fenster schließen, Türen zumachen, Heizkörperventile runterregeln, nicht benutzte elektrische Geräte abstellen. Der Erzieher geht als Vorbereitung durch die Räume, notiert kritische und zu überprüfende Stellen (also Fenster, Wasserhähne usw.) und markiert sie auf der Checkliste mit einem einprägsamen Symbol. Vor dem ersten Mal werden diese Maßnahmen und deren Notwendigkeit mit den Kindern durchgesprochen und begründet. Wichtig ist allerdings, sie zu überzeugen. Energiedetektive dürfen sich nicht als Hilfssheriffs oder Blockwarte aufführen.

# Lieder, Gedichte und Märchen

### Der Winter ist vergangen

Der Winter ist vergangen, ich seh des Maien Schein,
ich seh die Blümlein prangen, des ist mein Herz erfreut.
So fern in jenem Tale, da ist gar lustig sein,
da singt Frau Nachtigalle und manch Waldvögelein.
Ich geh, ein'n Mai zu hauen, hin durch das grüne Gras,
schenk meinem Buhl'n die Treue, die mir die Liebste was,
und bitt', daß sie mag kommen, all vor dem Fenster stahn,
empfang'n den Mai mit Blumen, er ist gar wohl getan.

(Volkslied aus den Niederlanden)

### Winter ade

1. Winter, ade! Scheiden tut weh.
   Aber dein scheiden macht,
   daß mir das Herze lacht,
   Winter, ade! Scheiden tut weh.

2. Winter, ade! Scheiden tut weh.
   Gerne vergeß ich dein,
   kannst immer ferne sein.
   Winter, ade! Scheiden tut weh.

**3.** Winter, ade! Scheiden tut weh.
   Gehst du nicht bald nach Haus,
   lacht dich der Kuckuck aus.
   Winter, ade! Scheiden tut weh.

Text: Heinrich Hoffmann von Fallersleben

**Jetzt fängt das schöne Frühjahr an**

**1.** Jetzt fängt das schöne Frühjahr an,
   und alles fängt zu blühen an
   auf grüner Heid und überall.

**2.** Es blühen Blümlein auf dem Feld,
   sie blühen weiß, blau, rot und gelb;
   es gibt nichts Schön'res auf der Welt.

**3.** Jetzt geh ich über Berg und Tal,
   da hört man schon die Nachtigall
   auf grüner Heid und überall.

(Volkslied vom Niederrhein)

### Trarira, der Sommer, der ist da

1. Trarira, der Sommer, der ist da!
   Wir wollen in den Garten
   und woll'n des Sommers warten.
   Ja, ja, ja, der Sommer, der ist da!

2. Trarira, der Sommer, der ist da!
   Wir wollen hinter die Hecken
   und woll'n den Sommer wecken.
   Ja, ja, ja, der Sommer, der ist da!

3. Trarira, der Sommer, der ist da!
   Der Sommer hat gewonnen,
   der Winter hat verloren.
   Ja, ja, ja, der Sommer, der ist da!

(Volkslied)

### Sommerzeit

Viel Freuden mit sich bringet
die schöne Sommerzeit,
im grünen Wald jetzt singet
wied'rum vor Freudigkeit
ohn' Unterlass mit hellem Schall
aus ihrem Hälslein zart
sehr schön und fein Frau Nachtigall,
kein Müh' und Fleiß sie spart.

(Volkslied)

### Ach bittrer Winter

1. Ach bittrer Winter, wie bist du kalt!
   Du hast entlaubet den grünen Wald.
   Du hast verblüht die Blümlein auf der Heiden.
2. Die bunten Blumen sind worden fahl,
   entflogen ist uns Frau Nachtigall!
   Sie ist entflogen, wird sie wieder singen?

(Text: Ambraser Liederbuch, 1582)

165

### Frühlingslied

**1.** Leise zieht durch mein Gemüt
liebliches Geläute,
klinge, kleines Frühlingslied,
kling hinaus ins Weite.

**2.** Zieh' hinaus bis an das Haus,
wo die Veilchen sprießen;
wenn du eine Rose schaust,
sag', ich laß sie grüßen!

(Text: Heinrich Heine)

### Bunt sind schon die Wälder

Bunt sind schon die Wälder,
gelb die Stoppelfelder
und der Herbst beginnt.
Rote Blätter fallen,
graue Nebel wallen,
kühler weht der Wind.

Wie die volle Traube
aus dem Rebenlaube
purpurfarbig strahlt!
Am Geländer reifen
Pfirsiche mit Streifen,
rot und weiß bemalt.

Flinke Träger springen
und die Mädchen singen.
Alles jubelt froh.
Bunte Bänder schweben
zwischen hohen Reben
auf dem Hut von Stroh.

Geige tönt und Flöte
bei der Abendröte
und im Mondesglanz.
Junge Winzerinnen
winken und beginnen
frohen Erntetanz.

(Text: Johann Gaudenz von Salis-Seewis)

### Schneeflöckchen, Weißröckchen

Schneeflöckchen, Weißröckchen,
da kommst du geschneit;
Du kommst aus den Wolken,
dein Weg ist so weit.

Komm setz dich ans Fenster,
du lieblicher Stern;
malst Blumen und Blätter,
wir haben dich gern.

Schneeflöckchen, du deckst uns
die Blümelein zu,

dann schlafen sie sicher
in himmlischer Ruh'.
Schneeflöckchen, Weißröckchen,
komm zu uns ins Tal,
dann bau'n wir 'nen Schneemann
und werfen den Ball.

### Der Winter ist ein rechter Mann

Der Winter ist ein rechter Mann,
Kernfest und auf die Dauer;
Sein Fleisch fühlt sich wie Eisen an,
Und scheut nicht süß noch sauer.

War je ein Mann gesund wie er?
Er krankt und kränkelt nimmer,
Er trotzt der Kälte wie ein Bär
und schläft im kalten Zimmer.

Er zieht sein Hemd im Freien an
und läßt's vorher nicht wärmen
und spottet über Fluß im Zahn
und Grimmen in Gedärmen.

Aus Blumen und aus Vogelsang
weiß er sich nichts zu machen,
Haßt warmen Drang und warmen Klang
und alle warmen Sachen.

Doch wenn die Füchse bellen sehr,
wenn's Holz im Ofen knittert,
und um den Ofen Knecht und Herr
die Hände reibt und zittert;

Wenn Stein und Bein vor Frost zerbricht
und Teich und Zehen krachen:
Das klingt ihm gut, das haßt er nicht,
dann will er tot sich lachen.

Sein Schloß von Eis liegt ganz hinaus
Beim Nordpol an dem Strande;
Doch hat er auch ein Sommerhaus
im lieben Schweizerlande.

Da ist er denn bald dort, bald hier;
gut Regiment zu führen;
und wenn er durchzieht, stehen wir
und sehn ihn an und frieren

(Text: Matthias Claudius)

## Es regnet, es regnet

Es regnet, es regnet,
der Kuckuck wird naß.
Wir sitzen im Trocknen,
was schadet uns das?

**Herbstlied**

Der Frühling hat es angefangen,
Der Sommer hat's vollbracht.
Seht, wie mit seinen roten Wangen
So mancher Apfel lacht!

Es kommt der Herbst mit reicher Gabe,
Er teilt sie fröhlich aus,
Und geht dann, wie am Bettelstabe
Ein armer Mann, nach Haus.

Voll sind die Speicher nun und Gaden,
Dass nichts uns mehr gebricht.
Wir wollen ihn zu Gaste laden,
Er aber will es nicht.

Er will uns ohne Dank erfreuen,
Kommt immer wieder her:
Lasst uns das Gute drum erneuen,
Dann sind wir gut wie er.

(August Heinrich Hoffmann von Fallersleben)

### Regenwetter

Was ist das für ein Wetter heut,
es regnet ja wie toll.
Die Straße ist ein großer See,
die Gosse übervoll.
Trallala, trallala, die Gosse übervoll.

Der Sperling duckt sich unters Dach,
so gut er eben kann,
und Karo liegt im Hundehaus
und knurrt das Wetter an.
Trallala, trallala, und knurrt das Wetter an.

Wir aber haben frohen Mut
und sehn dem Regen zu
erzählen uns gar mancherlei,
daheim in guter Ruh.
Trallala, trallala, daheim in guter Ruh.

(Friedrich Halm)

### Die Wolke

Alexander Puschkin (1799–1837)

(aus dem Russischen von Henry von Heiseler)

Die letzte der Wolken nach Sturmes Gedräue
Nur du fliegst dahin durch die heitere Bläue,
Nur du wirfst den Schatten hinab auf die Au,
Nur du hüllst den festlichen Mittag in Grau.

Noch jüngst überdeckte den Himmel dein Dunkel
Und drohend umwand dich der Blitze Gefunkel,
Geheimnisvoll tönte den Donner dein Mund,
Du tränktest mit Regen den durstigen Grund.

Genug, geh von hinnen! die Zeit ist entwichen,
Die Erde ward kühl und die Stürme verstrichen
Und streichelnd die Blätter der Bäume gelind
Vom ruhigen Himmel verjagt dich der Wind.

**Was der Wind alles kann**

Der Drachen steigt zum Himmel auf.
Die Wolken nehmen ihren Lauf.
Die Bäume biegen sich im Wind.
Das Windrad dreht sich ganz geschwind.
Die Blätter rascheln an den Bäumen.
Die Tore schlagen zu an Zäunen.
Woher kommt nur diese Kraft,
die das alles schafft?
Ja – das weiß doch jedes Kind –
klar – es ist der Wind!

**Mancherlei Nutzen**
Gustav Falke (1853–1916)

Freuten uns an duftgen Blüten,
Die für uns im Laube glühten.
Nun, da sich auch Früchte zeigen,
Pflücken wir aus vollen Zweigen.
Kommt der Winter, nützt aufs beste,
Wärmend uns, ein dürr Geäste.
Wenn die Flammen aufwärts schlagen,
Träumen wir von Frühlingstagen.

### Sonne und Wind

Eines Tages wetteten die strahlende Sonne und der stürmische, kalte Wind miteinander gewettet, wer unter allen beiden stärker sei. Und sie einigten sich, dass derjenige als der Stärkere gelten sollte, der einen Wanderer dazu zwingen würde, seine warme Jacke abzulegen. Tatsächlich kommt auch bald ein junger Mann mit Wanderstock daher.

Der Wind will unbedingt der erste sein und beginnt mit aller Macht zu pusten und zu blasen. Fast fliegt dem Wanderer die Mütze vom Kopf, er kann sie gerade noch erwischen. Aber er denkt gar nicht daran, die Mütze abzunehmen oder die Jacke auszuziehen, sondern hüllt sich nur umso fester in die wärmende Jacke, um sich vor dem kalten Wind zu schützen, und die Mütze zieht er sich fest über den Kopf. Und als der Wind immer weiter bläst, sucht er Schutz hinter einem dicken Baum. Dem Wind wird klar, dass er die Wette wohl nicht gewinnen kann.

Jetzt ist die Sonne an die Reihe. Sie kommt hinter den Wolken hervor, brennt vom wolkenlosen Himmel und wärmt angenehm die Luft. Der Wanderer hat sich wieder auf den Weg gemacht, nachdem der kalte Wind aufgehört hat. Er freut sich über das schöne Wetter und marschiert tüchtig los. Es dauert aber gar nicht lange, und er kommt ins Schwitzen. Erst zieht er sich die Mütze vom Kopf, und bald darauf legt er sogar die Jacke ab und bindet sie sich um den Bauch.

Da muss der Wind zugeben, dass die Sonne die Stärkere von beiden ist. Und was lehrt diese Geschichte? Gewalt bringt oft nicht zum Ziel – mit Sanftmut und Überredung kommt man meistens weiter.

### Die Geschichte vom fliegenden Robert

(aus „Struwwelpeter")

Wenn der Regen niederbraust,
Wenn der Sturm das Feld durchsaust,
Bleiben Mädchen oder Buben
Hübsch daheim in ihren Stuben. –
Robert aber dachte: Nein!
Das muss draußen herrlich sein! –
Und im Felde patschet er
Mit dem Regenschirm umher.
Hui, wie pfeift der Sturm und keucht,
Dass der Baum sich niederbeugt!
Seht! Den Schirm erfasst der Wind,
Und der Robert fliegt geschwind
Durch die Luft so hoch, so weit;
Niemand hört ihn, wenn er schreit.
An die Wolken stößt er schon,
Und der Hut fliegt auch davon.
Schirm und Robert fliegen dort
Durch die Wolken immerfort.
Und der Hut fliegt weit voran,
Stößt zuletzt am Himmel an.
Wo der Wind sie hingetragen,
Ja! das weiß kein Mensch zu sagen.

*Natur ist ein unendlich geteilter Gott.*
                              **Friedrich Schiller**

# Was jeder einzelne tun kann: Tipps für die Praxis

Klima schützen, Energieressourcen schonen und Energie einsparen kann nicht nur durch die Weitergabe von Fachwissen und die Vermittlung von Handlungskompetenz – also auf pädagogischem Wege – gelingen, sondern verlangt darüber hinaus auch praktische Maßnahmen und authentisches Handeln von Vorbildern. Hierbei sind vor allem Kindergärtnerinnen und Erzieher, Lehrerinnen und Lehrer, Eltern, Großeltern aber auch die Hausmeister der Kindertageseinrichtungen und Grundschulen sowie die Verantwortlichen bei den Trägereinrichtungen (Städte, Kommunen, Kirchen) gefragt. Unabhängig davon, wie das umweltpädagogische Konzept umgesetzt wird, Ziel ist und bleibt es, das Klima zu schützen. Und so gilt es, die Herausforderung Klimaschutz als ganzheitliches Konzept in Kindertageseinrichtungen zu etablieren. Dieses Ziel kann nur erreicht werden, wenn alle Potentiale des Energiesparens genutzt werden. Einerseits müssen alle technischen Möglichkeiten ausgeschöpft werden, um Ressourcen zu sparen sowie Energie effizient herzustellen und zu nutzen, andererseits kann das Problem der Verschwendung nur dadurch gelöst werden, indem wir Menschen unser Verhalten ändern und bewusster mit Energie umgehen.

## Klimaschutz verlangt Vorbilder

Eltern und Erzieher sollten erkennen lassen, dass umweltgerechtes Verhalten eine Selbstverständlichkeit wie für sie ist, dass sie neugierig und interessiert an Naturerfahrungen sind und im Alltag selbst Energie effizient nutzen. Im Umgang mit Kindern ist es wichtig, diese ernst zu nehmen und authentisch aufzutreten, denn nur so können umweltpädagogische Inhalte langfristig vermittelt werden. Kinder haben ein feines Gespür dafür, ob Erwachsene hinter dem stehen, was sie sagen oder nur leere Phrasen schwingen.

Hinterfragen Sie also Ihr eigenes Energie- und Nachhaltigkeitsverhalten, Ihr Verhältnis zur Natur und Ihr Verständnis von Klimaschutz. Handeln Sie auch im Alltag ganz selbstverständlich klima- und damit umweltbewusst. Folgende Empfehlungen sind auch im Alltagsleben einfach umsetzbar:

- Schalten sie das Licht aus, wenn niemand mehr im Raum ist oder schon heller Tag ist.
- Schließen Sie den Kühlschrank nach dem Öffnen direkt wieder fest.
- Stellen Sie nur abgekühlte Speisen in den Kühlschrank.
- Schalten Sie Musikgeräte aus, wenn Sie nicht mehr in Gebrauch sind.
- Vermeiden Sie den „Stand-by"-Betrieb durch eine abschaltbare Verteilersteckdose oder das Ausschalten des Gerätehauptschalters.
- Beleuchten Sie Ihre Arbeitsfläche gezielt, keine „Deckenfluter".
- Schließen Sie in geheizten Räumen die Fenster und Türen.
- Wenn frische Luft benötigt wird, drehen Sie die Heizung ab und lüften Sie ca. 3 Minuten, indem Sie die Fenster weit öffnen. Dies sollte in einer Stunde ca. 2-mal geschehen.
- Passen Sie Ihre Kleidung an die Jahreszeiten an, statt Räume zu überheizen.
- Stellen Sie die Heizkörper nicht mit Möbeln zu und trocken Sie auch keine Sachen auf ihnen.
- Lassen Sie abends zur Wärmedämmung die Rollläden runter.
- Lassen Sie die Außentüren nicht unnötig lange offen stehen.

### Klimaschutz leben – Impulse geben

Klimaschutz leben und Vorbild sein, das heißt nicht nur Regeln und Vorschriften stupide befolgen, sondern auch mitdenken, sich informieren und eigene Ideen und Impulse weitertragen. Ein ganzheitliches Klimaschutzkonzept verlangt vor allem Engagement und die Motivation zum Verändern. Auch wenn Sie viele Ihrer Ideen nicht alleine in die Tat umsetzen können, haben Sie dennoch den Mut und tragen Sie Ihre Vorschläge bei den Trägereinrichtungen Ihrer Kindertagesstätte vor!
Die nachfolgende Auflistung soll Ihnen einige Anregungen für technische Neuerungen geben und zum Umdenken anregen:

- Wie wird der Wärmebedarf des Kindergartens gedeckt? Kann eventuell mit einem Blockheizkraftwerk mit Kraft-Wärmekopplung die ökologische und ökonomische Situation verbessert werden?
- Kann als Alternative zum herkömmlichen Öl- oder Gasheizkessel ein Brennwertkessel eingesetzt werden, der Energie spart?
- Werden erneuerbare Energien zur Wärmeversorgung und zur Stromversorgung eingesetzt? Besteht die Möglichkeit, eine Photovoltaik-Anlage zu installieren? Kann Erdwärme genutzt werden? Findet Bioöl/Biogas Verwendung?
- Wie setzt sich der Strom des Energieversorgers zusammen? Bezieht die Einrichtung Ökostrom? Kommt der Strom anteilig aus regenerativen Energien?
- Wird Regenwasser in Zisternen gesammelt und weiter- verwendet?

Anregungen zum Energiesparen in Gebäuden, sowie zur finanziellen staatlichen Förderung finden Sie auch im Internet, unter anderem beim Umweltbundesamt www.umweltbundesamt.de und den Umweltministerien der Länder. Auch die Verbraucherzentrale Bundesverband www.vzbv.de und der Bundesdeutsche Arbeitskreis für Umweltbewusstes Management e.V. (B.A.U.M.) www.baumev.de bieten sehr gute Anregungen.

### Die Gestaltung eines Themen-Elternabends

Mit dem Entschluss der Kindertageseinrichtung, das Thema „Energie sparen" aufzugreifen, ist es wichtig, neben allen anderen Beteiligten auch die Eltern frühzeitig über Ziele und Methoden des Projekts Klimaschutz und Energiesparen zu informieren und sie mit einzubeziehen. Gerade wenn auch über die regulären Öffnungszeiten hinaus Aktivitäten für das Projekt stattfinden, sollte die Unterstützung der Eltern vorhanden sein (sie kann bis zur Mitwirkung in Arbeitsgemeinschaften und bei Projektwochen reichen). Ziel soll es sein, die Eltern so von umweltbewusstem und klimaschonendem Verhalten zu überzeugen, dass sie ihre Kinder uneingeschränkt unterstützen, wenn diese das Gelernte (etwa Licht nach Verlassen eines Raumes auszuschalten und die Türen in der Heizperiode geschlossen halten) auch zu Hause anwenden und umsetzen möchten.

Deshalb ist es sinnvoll, die Eltern der Kinder zu informieren und sie in die in Aktionen und Projekte mit einzubeziehen, sei es mit einem ausführlichen Elternbrief, besser jedoch mit einer Informationsveranstaltung. Die Veranstaltung soll das Interesse der Eltern wecken und Grundstein für ein persönliches Verhältnis legen. Auch sollen sich die Eltern mit eigenen Ideen, mit handwerklichem Geschick und Kreativität ins Projekt mit einbringen können. Neben Ideen für Spiele und Aktionen zum Thema Klimaschutz mit Kindern, können auch konkrete Energiesparmaßnahmen am Gebäude oder die Anlegung eines naturnahen, klimafreundlichen Gartens, die Begrünung der Hausfassade oder die Dachbegrünung des Kindergartens gemeinschaftlich mit den Eltern umgesetzt werden.

## Energiecheck für Kindergärten und Grundschulen – eine Orientierungshilfe

Klimaschonendes Handeln hat viele Facetten. Neben technischen Optimierungen im Gebäudebestand können auch ökologische Maßnahmen zum Klimaschutz beitragen. Diese sind meist einfach umsetzbar und können gleichzeitig als naturnahe Spielräume genutzt werden. In einem naturnahen Umfeld können Artenkenntnisse vermittelt werden, viele Sinneserfahrungen ermöglicht werden und es kann zum ganzheitlichen Denken angeregt werden. Gleichzeitig wird in den Grünanlagen und Gärten $CO_2$ eingelagert, der bodennahe Luftaustausch wird gefördert und es werden Biotopverbunde geschaffen, die zum Schutz der heimischen Artenvielfalt beitragen.

### Klimaschutz und Biodiversität

Wie hängen Klimaschutz und Biodiversität zusammen? Mit dem Anstieg der globalen Mitteltemperatur ändern sich auch die Lebensräume und Lebensbedingungen von Tieren und

182

Pflanzen. Steigt etwa der Meeresspiegel, so sind die Seehunde der ostfriesischen Inseln bedroht. Wird es in den Alpen wärmer, so sind die dort heimischen Pflanzen und Tiere gefährdet, da sie nicht weiter nach oben in kühlere Regionen weichen können. Nicht nur Arten selbst und Ökosysteme sind gefährdet, auch die Beziehungen der Arten untereinander sind Veränderungen ausgesetzt. Und so gilt es, besonders im Hinblick auf den Klimawandel, die Artenvielfalt zu schützen und schon heute Maßnahmen zu treffen, um ein Aussterben künftig bedrohter Arten zu verhindern.

Mit der Bereitstellung von Grünanlagen und Begrünungen kommen Klimaschutz und Artenschutz in Kindergärten und Grundschulen zusammen. Positive Aspekte fürs lokale Mikroklima und das globale Klima wie die Einlagerung von $CO_2$ und die Produktion von Sauerstoff sind ebenso wichtig wie der Schutz der heimischen Pflanzen. Es gibt es mehrere Möglichkeiten, mehr Natur in die Kindertageseinrichtungen zu bringen.

• Dachbegrünung
• Bäume, Büsche und andere Natur im Außenbereich

Für Kindertageseinrichtungen ist die Begrünung etwa von Lauben und Spielhütten sowie der Dächer die schnellste und billigste Möglichkeit, durch ökologische Maßnahmen einen Beitrag zum Klimaschutz zu leisten. Vor allem winterharte Arten wie Wilder Wein und Knöterich eignen sich. Durch die gezielte Bepflanzung von Dächern erhöht sich die Luftfeuchtigkeit gegenüber den unbewachsenen Gebäudeteilen teilweise um bis zu 20 Prozent, außerdem trägt die Pflanzenschicht zur Wärmedämmung bei. Der Wärmedurchgang wird durch eine etwa 30 cm dicke

Pflanzenschicht um bis zu einem Drittel verringert. Dächer sind ein fast idealer Standort für die seltenen Trocken- und Magerrasen. Sie sind farbenprächtig und insektenfreundlich und leisten damit einen konkreten Beitrag zum Schutz dieses immer mehr in Bedrängnis geratenen Biotoptyps. Mit nährstoffarmen Substraten bedeckt, von der Sonne intensiv verwöhnt, sind Dächer Standorte für Pflanzen wie etwa Fetthenne oder Kartäusernelke, die sich in der Natur auf flachgründigen Felsböden wohlfühlen. Auch ziehen sie Schmetterlinge und andere Insekten an. Pflegemaßnahmen sind fast unnötig, eventuell müssen einmal jährlich Keimlinge und Jungpflanzen von herangewehten Baumsamen entfernt werden. Je nach Ausrichtung des Daches und nach Ergiebigkeit des Regens, sind spezielle Pflanzen und Vorrichtungen nötig.

Die klima- und umweltfreundliche Gestaltung eines Kindergarten-Außenbereiches sollte den Ansprüchen eines naturnahen Spielraumes genügen und gleichzeitig klimaschützende und ökologische Kriterien erfüllen.

Die folgende Liste gibt eine Übersicht über die wichtigsten Kriterien, die bei der Gestaltung eines Kinder-Gartens beachtet werden sollten:

- Die Gestaltung des Gartens sollte standortgerecht sein, d. h. den Boden- und Wetteransprüchen genügen.
- Die Gestaltung sollte heimische Arten bevorzugen und möglichst wenig exotische Gehölze und Stauden oder Zierformen enthalten.
- Die Gestaltung sollte sich an jahreszeitlichen Aspekten orientieren, d. h. die Anlage muss so geplant sein,

dass sie auch sommerliche Trockenperioden, Starkregen oder strenge Winterfröste übersteht.

- Die Anlage muss den Platzbedarf einzelner Naturerlebnis-biotope berücksichtigen. Große Bäume etwa brauchen sehr viel Platz für Entwicklungsmöglichkeiten und sind deshalb wenig sinnvoll.
- Ein Pflegeplan sollte aufgestellt werden, unter Umständen muss dieser mit dem Gartenamt oder dem örtlichen Bauhof abge-stimmt werden.
- Verantwortlichkeiten sollten klargestellt werden, vor allem im Hinblick auf wechselnde engagierte Eltern.
- Es sollten keine Giftpflanzen verwendet werden.
- Die Anlage sollte in Aktions- und Erlebnisbereiche gegliedert werden.

Doch nicht nur im Außenbereich, auch in den Räumen selbst tragen Pflanzen zum Klimaschutz und zum angenehmen Mikro-klima bei. Sie regulieren die Raumtemperatur und schaffen Zugluft, manche Pflanzen filtern Bakterien und Schadstoffe aus der Luft, die Luftfeuchtigkeit wird erhöht und eine angenehme Atmosphäre wird geschaffen.

### Klimaschutz und Technik

Neben ökologischen Maßnahmen sind auch technische Maß-nahmen im und am Gebäude meist einfach umsetzbar und hel-fen, das Klima zu schützen. Um Klimaschutz ganzheitlich in einer Kindertageseinrichtung einzuführen, empfiehlt sich zu Beginn des Projektes ein Rundgang durchs Gebäude, um die technische Ausstattung kennenzulernen. Dabei sollten Zähler-

185

stände festgehalten, die Verbrauchszähler und die Referenzver-
bräuche notiert, die Regelungseinstellungen optimiert und
Mängel des Gebäudes festgestellt werden.

Es ist nicht nur wichtig, dass sich alle Beteiligten einen umfas-
senden Einblick in die Heizungs- und Beleuchtungsanlage und
einen Überblick über Schwachstellen im Gebäude verschaffen,
die Erfassung von Daten zu Beginn des Projekts dient auch
dazu, Bemessungsgrundlagen und Bezugsgrößen für Einspar-
potentiale zu erhalten. Hilfe bei technischen Fragen bietet
dabei die Klimaschutz- und Energieagentur Baden-Württemberg
GmbH (KEA).

Doch auch ohne professionelle Hilfe lassen sich schon viele
wichtige Kleinigkeiten in die Tat umsetzen. Ohne große Vor-
kenntnisse, lediglich mit den passenden Instrumenten kann ein
Energiecheck im Gebäude durchgeführt werden. Die passenden
Instrumente können Sie etwa unter der folgenden Adresse in
Form eines kompletten Messkoffers bestellen:
*www.iks-photovoltaik.de*

### Raumtemperatur

Die Raumtemperatur sollte in regelmäßigen Abständen überprüft
werden. Teilweise befinden sich in Gruppenräumen oder auf den
Fluren schon Thermometer, meist sind dies Alkoholthermometer.
Diese können aber durchaus eine Abweichung von 2–3 °C besitzen. Sie können mit dem Sekunden-Thermometer kontrolliert
werden, dessen Fehler weniger als 1 °C beträgt.

Die Raumtemperaturen sollen während der Nutzungszeiten der
Einrichtung gemessen werden. Darüber hinaus sollten Messungen außerhalb der Nutzungszeiten durchgeführt werden, z. B.
nach Kindergartenschluss, abends, am Wochenende und in den

Ferien.

Die Tabelle zeigt empfohlene Temperaturen für Kindertagesein-richtungen und bietet eine gute Orientierung.

| | |
|---|---|
| *Gruppenräume* | *20 °C* |
| *Flure* | *12–15 °C* |
| *Toiletten* | *15 °C* |
| *Turnhallen* | *17 °C* |
| *Umkleiden* | *22 °C* |
| *Diensträume* | *20 °C* |
| *Werkräume* | *18 °C* |

Um die Flurtemperaturen niedriger zu halten als die Raumtem-peraturen, ist es erforderlich, die Türen geschlossen zu halten. Die angegebenen Temperaturbereiche sollten während der Nut-zungszeiten nach Möglichkeit weder unter- noch überschritten werden. In Räumen, die von mehreren Personen benutzt werden, sollte die Raumtemperatur – je nach Anzahl der Personen – zu Beginn ca. 2 °C niedriger liegen, da die Körperwärme der Nutzer nach kurzer Zeit zu einer entsprechenden Raumtemperaturer-höhung führt. Außerhalb der Nutzungszeiten sollten die Tempe-raturen angemessen abgesenkt werden. Grundsätzlich sollte die Kleidung der Witterung angepasst sein.

**Beleuchtung**

Da die Beleuchtung den größten Anteil am Stromverbrauch hat, ist sie beim Energiesparen besonders wichtig. Neben der Be-leuchtungsstärke, die der Funktion des Raumes angepasst sein muss, sollte auch die Nutzungszeit überprüft werden.

Vor allem im Eingangsbereich und in den Fluren kann überprüft werden, ob nicht einige Glühlampen oder Leuchtstofflampen entfernt werden können, um Strom zu sparen. In jedem Fall sollten normale Glühbirnen gegen Energiesparlampen ausgetauscht werden, um unnötigen Stromverbrauch zu stoppen. Die folgende Tabelle zeigt die vorgeschriebene Beleuchtungsstärke nach der DIN 5035 Teil 1.

*Flure*          *100 Lux*
*Turnräume*      *300 Lux*
*Gruppenräume*   *300 Lux*
*Werkräume*      *500 Lux*

Überprüfen kann man diese Werte mit dem Lux-Meter.

**Stromverbrauch**

Wer Strom spart, schont Energieträger und schützt somit das Klima. Manche Elektrogeräte besitzen sehr hohe Anschlussleistungen.

Bei Geräten, die gleichmäßig Strom verbrauchen, kann der Verbrauch anhand der Leistung errechnet werden. Die Deckenbeleuchtung beispielsweise hat eine Anschlussleistung von 65 Watt pro Leuchtstofflampe. Bei 12 Lampen in einem Gruppenraum verbraucht die Deckenbeleuchtung insgesamt also pro Stunde 780 Wattstunden (12 x 65 W x 1 h bzw. 0,78 Kilowattstunden.) Eine kWh ist die Einheit, die das Elektrizitätswerk mit etwa 18 Cent berechnet.

Der Verbrauch anderer Geräte wie etwa Kaffeemaschinen kann mit einem Strommessgerät überprüft werden. Einsparungen können hier vor allem durch Änderungen der Nutzungsgewohnheiten erreicht werden. So sollte auf den „Stand-by"-Modus stets verzichtet werden und Kaffeemaschinen sollten nicht in Betrieb genommen werden zum Warmhalten des Kaffees.

### Klimaschutz und Wasser

Wie hängen Klimaschutz und Wasser zusammen? Durch den Klimawandel ändert sich sowohl der mittlere jährliche Niederschlag als auch die jährliche Niederschlagsverteilung. Wärmere Luft kann mehr Feuchtigkeit aufnehmen als kältere. Durch den Klimawandel wird es wärmer und mehr Wasser verdunstet und wird aufgenommen. Das führt letztendlich auch zu höheren Niederschlägen. Der fallende Niederschlag wird jedoch nicht regelmäßig verteilt, sondern tritt vermehrt durch Starknieder- schläge, wie bei Wärmegewittern, auf. Dies kann zu Über- schwemmungen führen. Dass die mittleren Niederschläge zuneh- men heißt jedoch nicht, dass dies überall auf der Welt so sein wird. Besonders diejenigen Regionen, die jetzt schon unter Trockenheit leiden, bleiben von den Niederschlägen verschont. So werden etwa die Flüsse in Zentral- und Südaustralien wahr- scheinlich austrocknen. Dadurch sind vor allem auch die Lebensräume unzähliger Tiere und Pflanzen bedroht. In ohnehin schon sehr feuchten Gebieten wie den Tropen kommt es dage- gen zu Überschwemmungen und Überflutungen. Auch bei uns in Mitteleuropa ändern sich die Niederschlagsverhältnisse. Bislang haben wir noch das Glück, ausreichend mit Nieder- schlägen versorgt zu sein. Doch schon der Hitzesommer 2003 hat uns gezeigt, dass sich dies in Zukunft ändern wird. Die Sommer werden trockener und heißer werden, das Wasser knapper. Dadurch steigt die Gefahr von Dürrephasen. Obwohl

189

wir hierzulande noch nicht unter Wasserknappheit leiden, gilt es schon heute, sorgsam mit der nicht unendlich vorhandenen Ressource Wasser umzugehen.

Auch in Kindergärten gibt es Möglichkeiten, Wasser zu sparen oder Regenwasser zur weiteren Verwendung zu sammeln, um wertvolles Trinkwasser zu sparen. Die wohl einfachste Möglichkeit ist das Sammeln des Regenwassers in Zisternen zum Gießen.

### Trinkwasserverbrauch

Trinkwasser wird in Kindertagesstätten vor allem bei den Toiletten und Handwaschbecken und eventuell für die Zubereitung von Mahlzeiten verwendet. Erste Maßnahme zum Trinkwassersparen sollte die Überprüfung der eigenen Verhaltensregeln und die der Kinder sein. Sind Wasserhähne richtig zugedreht? Tropfen sie? Lassen die Kinder etwa beim Zähneputzen das Wasser laufen?

Je nach Ausführung der sanitären Einrichtungen bestimmt sich der technische Wasserverbrauch. Gerade im Bereich der sanitären Anlagen kann auf eine Regenwassernutzung umgeschwenkt werden. Falls jedoch mit Trinkwasser gespült wird, sollte in jedem Fall auf einen niedrigen Verbrauch geachtet werden. Möglich ist der Einbau einer Sparspülung, deren Wasserverbrauch sich manuell regeln lässt.

Bei den Toiletten gibt es ältere Spülungen, die bis zu 12 Liter, neue, die nur 5 Liter pro Spülvorgang benötigen. Auch bei den Armaturen der Handwaschbecken gibt es große Unterschiede im Durchfluss. Mit dem Durchflussmengen-Messbecher kann er bestimmt werden. Der Durchfluss sollte bei einem Waschbecken nicht über 6 Liter pro Minute liegen. Liegt er darüber, kann er unter dem Waschbecken am Eckventil eingedrosselt werden.

**Warmwasserverbrauch**

Der Warmwasserverbrauch verursacht neben dem Wasserverbrauch (Wasserkosten) auch noch Energiekosten. Deshalb sollte überprüft werden, an welchen Stellen im Gebäude Warmwasser reduziert werden kann. Nach heutigen Standards ist etwa auf den Toiletten, in den Gruppenräumen (außer Kinderküchen) oder auf Fluren keine Warmwasser-Bereitstellung nötig. Bei den nötigen Warmwasseranwendungen muss der Durchfluss überprüft werden und gegebenenfalls eine Zeitschaltuhr eingebaut werden.

Zudem sollten Sie darauf achten, dass die Warmwasserleitungen gut wärmegedämmt sind, um Verluste auf dem Weg zur Zapfstelle zu vermeiden.

## Checkliste in Sachen Technik

### Heizung allgemein

| Checkpunkt | Aktion |
|---|---|
| Ist die Raumtemperatur ange-messen? (Gruppenräume 20 °C, Flure etc. 12–15 °C, Sporthalle 17 °C) | Gegebenenfalls Thermostat-ventile auf niedrigere Stufe stellen. |
| Ist die Beheizung nicht erfor-derlich? (Windfang etc.) | Auf Frostschutz stellen, Ventil (wenn möglich) arretieren. |
| Sind elektrische Zusatzheiz-geräte vorhanden? | Bedarf prüfen, i. d. R. entfernen |
| Werden einzelne Räume in sonst ungenutzten Gebäude-trakten genutzt? | Raumverlegung bzw. Terminänderung prüfen (z. B. möglichst alle Elternabende am gleichen Tag, Volkshoch-schul-Kurse im selben Gebäu-deteil und ggf. nicht mehr benötigte Heizstränge her-unterfahren. |
| Geht die Temperatur nachts bzw. am Wochenende deutlich zurück? (bei Außentempera-turen um 0 °C mindestens 8 °C, mit Min-Max-Thermometer prüfen) | Nachtabsenkung/-abschaltung der Heizung prüfen. |

**Heizkörper**

| Checkpunkt | Aktion |
|---|---|
| Befinden sich Heizkörper in direkter Nähe zu Außentüren? | Auf Frostschutz stellen, Ventil (wenn möglich) arretieren. |
| Sind Heizkörper durch Mobiliar verstellt bzw. hinter einer Verkleidung? | Möblierung ändern, Verkleidung sofern möglich entfernen. |
| Sind noch „normale" Heizkörperventile vorhanden bzw. Thermostatventile zerstört? | Bedarf prüfen, i. d. R. entfernen. |
| Werden einzelne Räume in sonst ungenutzten Gebäudetrakten genutzt? | Ersatz beantragen (feinvoreinstellbar, „Behördenmodell", arretierbar; nach Energieeinsparverordnung vorgeschrieben). |
| Alle Thermostatventile maximal auf Stufe „3" bzw. „1" bis „2" in den Fluren? | Ggf. niedrigere Einstellung prüfen und möglichst arretieren. Falls nicht ausreichend, Ursachen ermitteln (Fehler im Heiznetz, Zugluft etc.). |
| Sind Thermostatventile verdeckt oder Fremdwärme ausgesetzt? | Freie Anordnung ermöglichen, ggf. Ventilkopf mit Fernfühler einbauen. |
| Pfeifen die Thermostatventile? | Hydraulischen Abgleich des Heiznetzes prüfen, Pumpendruck reduzieren, Rücklaufverschraubung zudrehen (Hochbauamt hinzuziehen). |
| Gluckern die Heizkörper? | Entlüften |

**Heizungsanlage und Regelung**

| Checkpunkt | Aktion |
|---|---|
| Liegen Bedienungsanleitung, Einstellprotokoll (Schaltzeiten und Temperaturen für Heizkreise/Nachtabsenkung) und Anlagenschema im Heizraum aus? | Ggf. neu beschaffen und bereitlegen. |
| Heizraumtemperatur messen | Bei über ca. 28–30 °C ggf. Kesseltüren, Leitungen und Armaturen dämmen. |
| Sind alle Heizkreise, Anzeigen etc. beschriftet? | Falls erforderlich, erneuern. |
| Sind alle Leitungen und Armaturen (Ventile, Mischer, Pumpengehäuse) ausreichend gedämmt? | Mit gleicher Dämmstoffstärke wie Rohrdurchmesser dämmen. |
| Ist der Kessel außerhalb der Heizzeit in Betrieb? | Abschalten bzw. bei zentraler Warmwasserbereitung Speicherbeladung optimieren. |
| Wie hoch sind die Abgasverluste? (Schornsteinfegerprotokoll) | Freie Anordnung ermöglichen, ggf. Ventilkopf mit Fernfühler einbauen. |
| Pfeifen die Thermostatventile? | Ggf. reinigen und Brenner neu einstellen (Hochbauamt hinzuziehen). |
| Gibt es eine Rauchgasklappe? | Ggf. einbauen bzw. Zugbegrenzung richtig einstellen. |
| Ist die Heizkurve richtig eingestellt? | Versuchsweise geringere Vorlauftemperatur bzw. steilere Neigung einstellen (ggf. Hochbauamt/Wartungsfirma einschalten). |

| | |
|---|---|
| Ist der Witterungsfühler richtig platziert? | Außen am Gebäude, witterungsgeschützt an der Nordfassade – ggf. Umbau veranlassen. |
| Sind die Schaltuhren richtig programmiert und die Sollvorgaben dokumentiert und noch aktuell? | An tatsächlichen Bedarf anpassen und Uhrzeit richtig einstellen (Sommer-/Winterzeit). |
| Ist die Nachtabschaltung aktiviert? | Minimalforderung: Nachtabsenkung um 8 °C – ggf. probeweise für einige Tage einführen; wenn nötig morgens etwas früher anheizen. |
| Ist die Zuordnung der Heizkreise zu den Räumen bekannt? | Mit Heizungsschema oder durch Versuche ermitteln und dokumentieren. |
| Sind die Belegungen optimal an die Heizkreise angepasst? | Ggf. Abendnutzungen in einem Trakt mit separatem Heizkreis zusammenfassen und Rest stilllegen. Vorrangig den kleinsten bzw. am besten regelbaren Heizkreis nutzen bzw. den mit den geringsten Verlusten. |
| Sind die Heizungspumpen über die Regelung gesteuert? | Ggf. nachrüsten bzw. neue differenzdruckgeregelte Pumpen beantragen. |
| Auf welcher Stufe stehen mehrstufige Pumpen? | Versuchsweise mindestens 1–2 Stufen niedriger einstellen. |
| Werden die Pumpen mit der Nachtabschaltung abgeschaltet? | Ggf. Regelung ändern. |

**Lüftung**

| Checkpunkt | Aktion |
|---|---|
| Dauergekippte Fenster? | Stattdessen gezielte Stoßlüftung, ggf. Einbau eines bedarfsgerechten Lüfters (z. B. im WC) beantragen. Vorlauftemperatur erniedrigen. |
| Geöffnete Fenster in ungenutzten Räumen? | Schließen und für Verhaltensänderung sorgen. |
| Geöffnete Türen? | Schließen, ggf. Türschließer installieren lassen oder Feststeller entfernen. |
| Fenster oder Türen undicht? | Scharniere/Beschläge justieren, ggf. abdichten. |
| Lüfter vorhanden? | Wenn nicht unbedingt nötig: In Absprache mit dem Hochbauamt ausbauen und Öffnung gut dämmen. Bei Dauerbetrieb: Steuerung über Schaltuhr, Bewegungsmelder, Feuchtesensor oder Lichtschalter. |
| Bei Stillstand ohne bzw. mit geöffneten Lamellen? | Luftverluste verhindern. |

**Elektrogeräte/Beleuchtung**

| Checkpunkt | Aktion |
|---|---|
| Sind Elektrogeräte in Betrieb, obwohl sie nicht benutzt werden (Stand-by)? | Abschalten, Netzstecker ziehen oder schaltbare Steckerleiste und Schalter auf „aus". |
| Sind Glühlampen vorhanden? | Durch Energiesparlampen ersetzen (außer in selten genutzten Räumen wie Abstellräume). |
| Beleuchtung in nicht genutzten Räumen eingeschaltet? | Ausschalten und für Abhilfe sorgen (Information), ggf. Bewegungsmelder installieren (WC, Flure). |
| Sind Lichtbänder in Gruppenräumen getrennt schaltbar (Fenster-/Wandseite)? | Lichtschalter markieren. |
| Ist die Beleuchtung bei ausreichendem Tageslicht eingeschaltet? | (Teilweise) abschalten. |
| Sind die Reflektoren bzw. Abdeckungen verschmutzt? | Säubern. |
| Stimmt die Beleuchtungsstärke? | Subjektiven Eindruck festhalten und Messungen durchführen (300 Lux). Bei zu hohen Beleuchtungsstärken ggf. Leuchtmittel entfernen. Bei zu niedrigen Werten Reflektoren und Abdeckungen säubern, ggf. neue Leuchtstoffröhren („Dreibanden") einsetzen. |
| Sind noch 38 mm dicke Leuchtstoffröhren in Betrieb? | Umgehend durch 26-mm-Röhren ersetzen. |
| Gibt es Vorhänge, Jalousien o. ä.? | Im Winter bei Ende der Öffnungszeit schließen (Wärmeschutz). |

| Sind Vorhänge, Rollos, Jalousien geschlossen und das Licht brennt? | Wenn ohne Blendung möglich, öffnen. Ggf. defekte Jalousien erneuern bzw. Betätigung erleichtern. |
| --- | --- |
| Welche Farbe haben die Räume (Wand, decke, Boden)? | Bei anstehenden Sanierungen helle Farben bevorzugen. |
| Ist die Außenbeleuchtung unnötig in Betrieb? | Schaltzeiten in Absprache mit dem Träger ändern, ggf. Bewegungsmelder installieren. |

**Kaltwasserverbrauch**

| Checkpunkt | Aktion |
| --- | --- |
| Sind Wasser sparende Armaturen vorhanden? | Durchflussbegrenzer bzw. Spar-Duschköpfe einbauen. |
| Nachlaufzeit von Selbstschlussventilen kontrollieren! | Bei mehr als 10 Sek. (Wasserhähne) bzw. 25 Sek. (Duschen) Einstellung ändern (lassen). |
| Wie hoch ist der Wasserdurchfluss der Wasserhähne? | Durchflussbegrenzer bzw. Spar-Duschköpfe einbauen. Mit spez. Messbecher oder Litermaß und Stoppuhr messen – bei mehr als 8–10 l/min sog. Strahlregler, Spar-Perlatoren bzw. Durchfluss-Konstanthalter einbauen (Reduzierung auf unter 6 l/min), auf druckunabhängige Geräte achten. Hilfsmaßnahme: Eckventile so weit zudrehen, dass der Durchfluss entsprechend abnimmt (aber: weniger Komfort, kein voller Strahl). |

| | |
|---|---|
| Tropfen Wasserhähne? | Abdichten 1 Tropfen pro Sekunde ergibt ca. 6000 im Jahr, bei Warmwasser zusätzlich ca. 280 kWh Wärmeverluste. |
| Rinnt die Toilettenspülung? | Abdichten. Ein Dauer-Rinnsal entspricht Verlusten von 20 l/h bzw. 180 m$^3$/a – Mechanik kontrollieren, ggf. Dichtungen erneuern. |
| Welche Wassermenge haben die WC-Spülkästen? | Spülkästen ausmessen bzw. öffnen und auf Skala untersuchen – auf max. 9 Liter, wenn möglich 6 Liter reduzieren (Verstellung des Schwimmers, hilfsweise durch Hineinlegen eines Ziegelsteins o. Ä.). Alle Toilettenbecken mit einer 6 als letzter Ziffer der Serien-Nr. sind für 6 Liter – Spülvolumen geeignet. |
| Gibt es Toilettenspülkästen mit Spartasten? | Hinweisschild mit Anleitung für richtigen Gebrauch anbringen. Bei Spülkästen ohne Spartaste, Spülkastengewichte einbauen (nach Rücksprache mit Hochbauamt). |
| Wird Leitungswasser zur Bewässerung von Außenanlagen genutzt? | Rasenflächen u. a. – über eigenen Zähler abrechnen (keine Abwassergebühr), möglichst nachts bewässern (geringere Verdunstung), Nutzung von Grund- oder Regenwasser prüfen, ggf. Reduzierung des Wasserbedarfs durch unempfindliche Pflanzen. |

| Läuft der Wasserzähler, ohne dass Wasser gebraucht wird? (Nach Ende der Öffnungszeit beobachten bzw. Zählerstände über Nacht notieren) | Leitungen auf mögliches Leck prüfen lassen (Hochbauamt). |
|---|---|
| Läuft der Wasserhahn, wenn die Kinder die Zähne putzen? | Für jedes Kind einen Zahnputzbecher bereit stellen. |

**Brauchwarmwasserverbrauch**

| Checkpunkt | Aktion |
|---|---|
| Warmwasserzapfstelle vorhanden? | Bedarf prüfen, ggf. Zufuhr unterbrechen oder elektr. Speicher abschalten bzw. über Zeitschaltuhr regeln. |
| Gibt es einen zentralen Warmwasserspeicher? | Prüfen, ob dezentrale Erzeugung oder Reduzierung des Speichervolumens möglich ist. |
| Wie hoch ist die Warmwassertemperatur? | Je nach Verwendungszweck auf 40–55 °C begrenzen, bei über 400 Liter Speichervolumen Legionellenschutz-Vorkehrungen treffen (Hochbauamt). |
| Kann der Warmwasserverbrauch separat erfasst werden? | Wasserzähler im Kaltwasserzulauf zum Speicher einbauen und in Verbrauchsauswertung einbeziehen. |

**Wärmedämmung**

| Checkpunkt | Aktion |
|---|---|
| Gibt es noch einfach verglaste Fenster? | Besonders energiebewusst heizen, wo möglich (z. B. Oberlichter) Fensterfolie anbringen. Bei Sanierung Wärmeschutzverglasung einbauen. |
| Sind Heizkörpernischen unge-dämmt? | Mit Reflektionsfolie dämmen. |
| Stehen Heizkörper (ohne Strahlungsschutz) vor Fenstern? | Gedämmte Strahlungsschutz-platte montieren bzw. Reflek-tionsfolie an die Scheibe kle-ben. |
| Sind die Heizungs- und Warmwasserleitungen gedämmt? | Ggf. isolieren (einschl. Armaturen). |
| Gibt es einen unbeheizten Keller mit ausreichender Stehhöhe? | Kellerdecke von unten mit 6 cm dicken Polystyrolplatten dämmen. |
| Gibt es einen nicht ausgebau-ten Dachboden? | Mit 20 cm dicken Hartschaumplatten dämmen. |

*Blumen sind die schönsten Worte und Hieroglyphen der Natur, mit denen sie uns zeigt, wie lieb sie uns hat.*

**Johann Wolfgang von Goethe**

# Anhang

### Die Akademie für Natur- und Umweltschutz

Die Akademie für Natur- und Umweltschutz Baden-Württemberg hat u. a. folgende Aufgaben:

- Verknüpfung von Wissenschaft und Umweltpraxis
- Forum zum Dialog zwischen Wirtschaft, Nachhaltigkeit und Gesellschaft als Beitrag zur ökologischen Standortsicherung
- Veranstaltungen und Fachtagungen zu grundsätzlichen Fragen des Natur- und Umweltschutzes und der nachhaltigen Entwicklung
- Förderung frühkindlicher Bildung für eine nachhaltige Entwicklung
- Seminare, Workshops, Fachtagungen zu Fragen des Naturschutzes, der Umweltvorsorge und der nachhaltigen Entwicklung
- Herausgabe von Publikationen zur Vermittlung praktischer Erkenntnisse im Bereich des Naturschutzes, der Umweltvorsorge und der nachhaltigen Entwicklung
- Breite Umweltbildung und Bildung für eine nachhaltige Entwicklung

### Das Landesnetzwerk Umweltbildung und nachhaltige Entwicklung

Kontakte und Netzwerkbildung sind wichtige Faktoren für erfolgreiche Innovationen – auch in der Umwelt- und Nachhaltigkeitsbildung. Denn der Umwelt- und Nachhaltigkeitsbildung kommt auf dem Weg zu mehr Nachhaltigkeit in unserer Gesellschaft eine Schlüsselrolle zu. Es geht nun mehr denn je darum, Themen der Naturbewahrung, Umweltvorsorge und nachhaltiger Entwicklung in alle gesellschaftliche Bereiche zu tragen und dort zu verankern.

Suchen Sie einen Partner oder Materialien, um ein Umwelt- oder Nachhaltigkeitsthema gemeinsam zu bearbeiten? Oder suchen Sie einen Ort, um Ihre Kinder, Jugendlichen oder auch Erwachsene für heimische Natur und Landschaft zu begeistern und für Natur- und Umweltthemen im Sinne einer nachhaltigen Entwicklung zu sensibilisieren? Wir geben gerne Auskunft und unterstützen Sie mit unserer Kompetenz und unserem Umwelt- und Nachhaltigkeitsbildungs-„Knowhow", die oder den „Richtigen" zu finden.

Deshalb hat die Akademie für Natur und Umweltschutz Baden-Würt-temberg das Landesnetzwerk Umweltbildung und nachhaltige Entwicklung eingerichtet. Unter **www.lnub.de** finden sich für alle an Natur, Landschaft und Umwelt Interessierten, aber insbesondere auch die Erzieherinnen, Ziele und Informationsstellen, wo sie mehr über Naturerziehung, Umweltbildung, Nachhaltigkeitsbildung, praktische Naturbewahrung, aber auch über Anlaufstellen für Ausflüge und Exkursionen mit Kindern und Eltern zur eigenen Fortbildung erfahren können.

Im Landesnetzwerk wird über die Umweltakademie Baden-Württemberg als landesweites Kompetenzzentrum für Umwelt- und Nachhaltigkeitsbildung, die staatlich getragenen regionalen Naturschutzzentren sowie die durch Natur- und Umweltverbände getragenen Zentren als Stützen im Netzwerk jetzt schon eine breite Palette an Angeboten ganz unkompliziert zugänglich gemacht. Vernetzt werden diese Angebote mit Museen, Lehrpfaden und anderen Einrichtungen des Heimatraumes,

Hutter, Claus-Peter und Eva Goris (2008): Collection des verlorenen Wissens. Was Opa noch wusste. – Droemer Verlag, München.

Hutter, Claus-Peter und Fritz-Gerhard Link (2002): Bildung fördert Natur- und Umweltbewusstsein. In: Fachdienst Naturschutz Naturschutz-Info 3/2001: 52–55, Landesanstalt für Umweltschutz, Karlsruhe.

Hutter, Claus-Peter; Karin Blessing und Wolfgang Lang (2006): Mit Kindern der Natur auf der Spur. Faszination Tier- und Pflanzenwelt entdecken. Ein Praxisbuch. – Hirzel Verlag, Stuttgart.

Hutter, Claus-Peter und Fritz-Gerhard Link (2005): Mit Kindern Bach und Fluss erleben. Fließgewässer – Lebensadern der Landschaft. Ein Praxisbuch. – Hirzel Verlag, Stuttgart.

Institut für Bildung und Entwicklung (Hrsg.) (2000): Naturerfahrung im Kindergarten: Grundlagen, Ideen und Projekte. – Don Bosco-Verlag, München.

Knauer, Raingard und Petra Brandt (1995): Ich schütze nur, was ich liebe. Konzept einer ganzheitlichen Umweltpädagogik. – Herder Verlag, Freiburg.

Köthe, Rainer und Isabelle Dinter (2008): Experimentieren und Forschen: Wasser, Wind und Wolkenbruch. – Tessloff-Verlag, Nürnberg.

Langer, Gertraud (2000): Neue Umweltliteratur für Kinder: Darstellung und Interpretation; Wiese – Wald – Gewässer – Tierliebe, Tierleid – Artenschutz – ökologisches Denken – Umweltverschmutzung. – Profil Verlag, München und Wien.

Lück, Gisela (2007): Forschen mit Fred. Naturwissenschaften im Kindergarten. – Finken Verlag, Oberursel.

Lück, Gisela (2003): Handbuch der naturwissenschaftlichen Bildung. Theorie und Praxis für die Arbeit in Kindertageseinrichtungen. – Herder Verlag, Freiburg, Basel und Wien.

Messner, Christa und Michael Gasser (Hrsg.) (1992): Umwelt erfahren – Umwelt bewahren: Projektarbeit in der Umwelterziehung in Kindergarten und Schule. – AOL-Verlag, Buxtehude.

Merthan, Bärbel (2004): Mit Wasser, Watte und Zuckerwürfel. Erste Experimente im Kindergarten. – Herder Verlag, Freiburg.

Reidelhuber, Almut (2000): Umweltbildung: ein Projektbuch für die sozialpädagogische Praxis mit Kindern von 3–10 Jahren. – Lambertus-Verlag, Freiburg.

Umweltministerium Baden-Württemberg (2007): Umwelt- und Klimaschutz in Kindertageseinrichtungen. Ein Leitfaden. – Selbstverlag, Stuttgart.

Umweltministerium Baden-Württemberg (2005): Blicke auf die Erde. Gemeinsam für eine nachhaltige Entwicklung. – Selbstverlag, Stuttgart.

Wilken, Hedwig (2002): Kinder werden Umweltfreunde: Umweltbildung in Kindergarten und Grundschule. – Don Bosco-Verlag, München.

## Spielerisches Erleben, Erfahren und Lernen zum Thema Natur, Umwelt und Klimaschutz

Akademie für Natur- und Umweltschutz Baden-Württemberg (2008): Der Pizzabaum – wir und unser Essen. Ein Kinder-, Lese-, Vorlese-, Mal- und Naturerlebnisbuch. *

Akademie für Natur- und Umweltschutz Baden-Württemberg (2002): Wir erleben Bach und Fluss. Ein Kinder-, Lese-, Vorlese-, Mal- und Naturerlebnisbuch. *

Akademie für Natur- und Umweltschutz Baden-Württemberg (1999): Wir und unsere Obstwiesen. Vom Apfel am Baum zum Saft in der Flasche. Ein Kinder-, Lese-, Vorlese-, Mal- und Naturerlebnisbuch. *

Akademie für Natur- und Umweltschutz Baden-Württemberg (1996): Wir und unsere Wildpflanzen. Ein Kinder-, Lese-, Vorlese-, Mal- und Naturerlebnisbuch. *

Akademie für Natur- und Umweltschutz Baden-Württemberg (1995): Wir und unsere Tiere. Ein Kinder-, Lese-, Vorlese-, Mal- und Naturerlebnisbuch. *

Akademie für Natur- und Umweltschutz Baden-Württemberg (1995): Wir und unser Boden. Ein Kinder-, Lese-, Vorlese-, Mal- und Naturerlebnisbuch. *

Akademie für Natur- und Umweltschutz Baden-Württemberg (1993): Wir und unsere Luft. Ohne Luft läuft nichts. Ein Kinder-, Lese-, Vorlese-, Mal- und Naturerlebnisbuch. *

Akademie für Natur- und Umweltschutz Baden-Württemberg (1992): Wir und unser Wasser. Unsere Gewässer sollen leben. Ein Kinder-, Lese-, Vorlese-, Mal- und Naturerlebnisbuch. *

Akademie für Natur- und Umweltschutz Baden-Württemberg (1992): Wir und unsere Natur. Ein Kinder-, Lese-, Vorlese-, Mal- und Naturerlebnisbuch. *

Akademie für Natur- und Umweltschutz Baden-Württemberg (1990):Wir und unsere Umwelt. Einfälle statt Abfälle. Ein Kinder-, Lese-, Vorlese-, Mal- und Naturerlebnisbuch. *

Brandt, Petra und Peter Thiesen (1999): Umwelt spielend entdecken: ein Spiel- und Ideenbuch für Kindergarten, Schule und Familie. – Beltz Verlag, Weinheim, und Basel.

Bundesministerium für Umwelt, Naturschutz und Reaktorsicherheit (Hrsg.) (2008): Klimaschutz und Klimapolitik. Bildungsmaterial für Grundschulen. Zeitbild Verlag, Berlin.

Bundesministerium für Umwelt, Naturschutz und Reaktorsicherheit (Hrsg.) (2008): Einfach abschalten? Fakten und Kontroversen zum Atomausstieg. Bildungsmaterial für Grundschulen. – Zeitbild Verlag, Berlin.

Bundesministerium für Umwelt, Naturschutz und Reaktorsicherheit (Hrsg.) (2008): Erneuerbare Energien. Materialien zur Bildung und Information. Zeitbild Verlag, Berlin.

Institut für Bildung und Entwicklung (Hrsg.) (2000): Raus in die Natur! Naturerlebnisse, Spiele und Ideen für Kindergartenkinder. – Don Bosco-Verlag, München.

Kraul, Walter (2006): Spielen mit Wasser und Luft. Werkbücher für Kinder, Eltern und Erzieher. – Verlag Freies Geistesleben, Stuttgart.

Neubauer, Dieter (2002): Wasser-Spiele. Experimente mit dem nassen Element. – Rowohlt Taschenbuchverlag, Reinbek.

Schildhauer, Ruth (2008): Meine ersten Kosmolino Experimente. Experimentier-kasten. – Kosmos Verlag, Stuttgart.

Vester, Frederic (1991): Wasser = Leben: ein kybernetisches Umweltbuch mit 5 Kreisläufen des Wassers. – Ravensburger Buchverlag, Ravensburg.

Witt, Reinhard (2003): Mit Kindern in der Natur. Ideen – Wissen – Aktionen. – Verlag Herder, Freiburg, Basel und Wien.

## Artenbestimmung, Biologie und Naturschutz

Aichele, Dietmar und Marianne Golte-Bechtle (2005): Das neue Was blüht denn da? Wildwachsende Blütenpflanzen Mitteleuropas. – Kosmos Verlag, Stuttgart.

Brunn, Bertel; Arthur Singer und Claus König (1998): Der Kosmos-Vogelführer: Die Vögel Deutschlands und Europas. – Kosmos Verlag, Stuttgart.

Engelhardt, Wolfgang (2008): Was lebt im Tümpel, Bach und Weiher? Pflanzen und Tiere unserer Gewässer. – Kosmos Verlag, Stuttgart.

Hutter, Claus-Peter und Fritz-Gerhard Link (1992): Wunderwelt Acker und Feld. Thienemann Naturwegweiser. – Thienemann Verlag, Stuttgart und Wien.

Hutter, Claus-Peter; Jochen Flasbarth und Hubert Weinzierl (2002): Leben braucht Vielfalt. – Hirzel Verlag, Stuttgart.

Ludwig, Herbert (20021): Tiere in Bach, Fluß, Tümpel, See. BLV
Bestimmungsbuch. – BLV Verlag, München, Wien und Zürich.

*bei der Akademie für Natur- und Umweltschutz Baden-Württemberg erhältlich

## Prima Klima im Internet – weiterführende Links

Bundesministerium für Umwelt, Naturschutz und Reaktorsicherheit
www.bmu.de

Umweltbundesamt
www.uba.de

Umweltministerium Baden-Württemberg
www.um.baden-wuerttemberg.de

Bayrisches Staatsministerium für Umwelt, Gesundheit und Verbraucherschutz
www.stmugv.bayern.de

Ministerium für Ländliche Entwicklung, Umwelt und Verbraucherschutz
Brandenburg
www.mluv.brandenburg.de

Ministerium für Umwelt, ländlichen Raum und Verbraucherschutz Hessen
www.hmulv.hessen.de

Ministerium für Landwirtschaft, Umwelt und Verbraucherschutz Mecklenburg-
Vorpommern
www.lu.mv-regierung.de

Niedersächsisches Ministerium für Umwelt und Klimaschutz
www.mu1.niedersachsen.de

Ministerium für Umwelt, Forsten und Verbraucherschutz Rheinland-Pfalz
www.mufv.rlp.de

Ministerium für Umwelt Saarland
www.umwelt.saarland.de

Ministerium für Landwirtschaft und Umwelt Sachsen-Anhalt
www.mlu.sachsen-anhalt.de

Ministerium für Landwirtschaft, Umwelt und ländliche Räume Schleswig-Holstein
www.mlur.landsh.de

Ministerium für Landwirtschaft, Naturschutz und Umwelt Thüringen
www.thueringen.de

Ministerium für Kultur, Jugend und Sport Baden-Württemberg
www.km-bw.de

Arbeitsgemeinschaft Natur- und Umweltbildung (ANU) Bundesverband e.V.
www.umweltbildung.de

Bundesamt für Umwelt BAFU Schweiz
www.umwelt-schweiz.ch

Umweltbundesamt Österreich
www.umweltbundesamt.at

Verbraucherzentrale Bundesverband
www.vzbv.de/go

Landesanstalt für Umwelt, Messungen und Naturschutz Baden-Württemberg
www.lubw.baden-wuerttemberg.de

Bayrisches Landesamt für Umwelt
www.lfu.bayern.de

Thüringer Landesanstalt für Umwelt und Geologie
www.tlug-jena.de

Sächsisches Landesamt für Umwelt, Landwirtschaft und Geologie
www.smul.sachsen.de/lfulg

Landesamt für Natur und Umwelt Schleswig-Holstein
153.96.8.105/servlet/is/155

Hessisches Landesamt für Umwelt und Geologie
www.hlug.de

Landesamt für Umwelt, Wasserwirtschaft und Gewerbeaufsicht Rheinland-Pfalz
www.luwg.rlp.de

Landesamt für Natur, Umwelt und Verbraucherschutz Nordrhein-Westfalen
www.lanuv.nrw.de

Niedersächsisches Landesamt für Bergbau; Energie und Geologie
www.lbeg.niedersachsen.de

Landesamt für Umwelt, Naturschutz und Geologie Mecklenburg-Vorpommern
www.lung.mv-regierung.de

Landesamt für Umwelt und Arbeitsschutz Saarland
www.lua.saarland.de

Landesamt für Umweltschutz Sachsen-Anhalt
www.mu.sachsen-anhalt.de

# Dank

Dieses Buch ist ein Beitrag zum Projekt „KiNa – Kindergarten und Nachhaltigkeit", welches die Akademie für Natur- und Umweltschutz Baden-Württemberg (Umweltakademie) für den vorschulischen Bereich initiiert hat.

Das Vorhaben ist mit freundlicher Unterstützung der Glücksspirale möglich geworden. Wir danken für die Unterstützung ebenso wie für den vielfältigen Dialog mit Erzieherinnen, Lehrern, Eltern, Natur- und Klimaexperten und vielen weiteren Personen. Der Schutz des Klimas kann nur durch einen ganzheitlichen Ansatz gelingen. Nur wenn Kinder schon frühzeitig, ohne erhobenen Zeigefinger, an ein so alltägliches Thema wie Wetter und Klima herangeführt werden, können sie später die Problematik des Klimawandels und die Notwendigkeit nachhaltiger Lebensstile verstehen und erfolgreich leben.

Für die Illustration danken wir: Wolfgang Lang, Grafenau.

Schließlich danken wir herzlich dem Verlag und insbesondere Angela Meder für die Zusammenarbeit

**Akademie für Natur- und Umweltschutz Baden-Württemberg**
(Umweltakademie)
Dillmannstraße 3
70193 Stuttgart
Fax: 0711/ 126-2893
umweltakademie@um.bwl.de
www.umweltakademie.baden-wuerttemberg.de

**Bibliografische Information der Deutschen Nationalbibliothek**
Die Deutsche Nationalbibliothek verzeichnet diese Publikation in der Deutschen
Nationalbibliografie; Detaillierte bibliografische Daten sind im Internet über
**http://dnb.d-nb.de** abrufbar.

ISBN 978-3-7776-1647-6

© 2009 Hirzel Verlag
Birkenwaldstr. 44, 70191 Stuttgart, und
Printed in Germany

| | |
|---|---|
| Konzeption, Herausgeber und Texte: | Claus-Peter Hutter und Dr. Karin Blessing, Akademie für Natur- und Umweltschutz Baden-Württemberg (Umweltakademie) |
| Recherche/Textbeiträge: | Ruth Schildhauer, Marion Rapp |
| Zeichnungen/Grafiken: | Wolfgang Lang, Grafenau |
| Redaktion: | Marion Rapp, Dr. Karin Blessing |
| Lektorat: | Dr. Angela Meder |
| Fotos: | Claus-Peter Hutter, Werner Kuhnle, Dietmar Nill, Frank Hecker |
| Umschlaggestaltung: | Neil McBeath, Stuttgart |
| Layout, Satz, Bild: | PIXELRAUSCH design & produktion e.K., Lahr |
| Druck und Bindung: | Lahrer Anzeiger GmbH, Druckerei und Verlag, Lahr |

216